サプライチェーンの
リスクマネジメントと
組織能力

"熊本地震"における
「ものづくり企業」の生産復旧に学ぶ

西岡 正　目代 武史　野村 俊郎　著

同友館

◉目次◉

序章　本書の特徴と構成 ……………………………………… 1

　1. 本書のねらい　*1*
　2. 本書の特徴　*2*
　3. 本書の構成　*3*

第1章　九州の自動車産業と熊本地震による被害 …………… 7

　1. はじめに　*7*
　2. 九州の自動車産業　*8*
　3. 熊本地震の概要と被害　*13*
　4. 熊本地震のサプライチェーンへの影響　*20*
　5. おわりに　*22*

第2章　サプライチェーン途絶の原因と対応 …………………… 25
　　　　　―過去の事例と先行研究―

　1. はじめに　*25*
　2. 過去の事例　*25*
　3. 考察　*36*
　4. 残された課題　*49*

第3章　サプライチェーンの途絶と前代未聞の代替生産 ……… 54
　　　　　―アイシングループの取り組みの考察―

　1. はじめに　*54*
　2. 地震による被害状況とサプライチェーンへの影響　*54*

3. 代替生産によるサプライチェーン復旧に向けた取り組み　*62*

　4. 生産復旧に向けた取り組みと教訓　*70*

　5. 考察　*73*

第4章　大規模代替物流網を力業で構築したアイシン……… *84*
　　　　―力業を使えない企業でも事前に考えておくべき課題―

　1. はじめに　*84*

　2. 成り行き物流の問題点と中継物流による解決　*85*

　3. 中継地のスペース確保と建屋内物流効率のカイゼン　*90*

　4. おわりに　*97*

第5章　非常事態におけるトヨタの被災サプライヤー支援…… *102*
　　　　―信頼と学習が支えるサプライチェーンの頑健性―

　1. はじめに　*102*

　2. 組織間信頼と学習の有用性　*102*

　3. 先行研究　*104*

　4. トヨタの非常事態対応と頑健性確保の取り組み　*107*

　5. 被災サプライヤーの復旧支援の実態　*112*

　6. 小括　*120*

第6章　被災からのホンダ熊本製作所の復旧対応………… *129*

　1. はじめに　*129*

　2. ホンダ熊本製作所の概要　*129*

　3. 熊本地震に伴う被害状況　*131*

　4. 熊本地震からの復旧に向けた取り組み　*134*

　5. 考察―ホンダ熊本製作所の震災対応の評価　*140*

　6. おわりに　*143*

iv

第7章　半導体産業における
サプライチェーン・リスク・マネジメント …………… *147*

1. はじめに　*147*
2. 九州の半導体産業と熊本地震の影響　*148*
3. 拠点レベルの影響と対応　*153*
4. ネットワークレベルの影響と対応　*159*
5. 考察—自動車産業との比較　*163*

終章　熊本地震の教訓と課題 ……………………………… *169*

1. 過去からの教訓が生かされた取り組み　*169*
2. 過去から継続している課題　*173*
3. 新たに現れた課題—代替生産を可能にする代替物流網の構築　*174*
4. おわりに　*176*

あとがき　*178*

序章
本書の特徴と構成

1. 本書のねらい

　日本の製造業は，火災や不慮の事故などの人的災害，地震や台風，水害など
の自然災害による幾多の被災を経験する中で，サプライチェーンの頑健性を高
めるための対策を積み重ね，来るべき災害リスクへの準備を進めてきた。とり
わけ自動車産業や半導体関連産業では，2011年3月の東日本大震災時に，長
期間にわたるサプライチェーンの途絶を経験したことを契機に，災害による影
響を受けない（あるいは，最小化する）ようにハードとソフト両面での対策を
講じるとともに，万一被災した場合でも速やかに操業を回復できるように復旧
力の強化を図ってきた。

　2016年4月に発生した熊本地震は，東日本大震災以降に日本の製造業が取
り組んできたサプライチェーン・リスク・マネジメント（SCRM；以下，
SCRMで統一）の有用性が試された機会でもあった。結果的には，トヨタは
熊本に立地するサプライヤーの被災によって，国内組立ラインの大半の操業停
止を余儀なくされた。被災したホンダの国内唯一の二輪車組立工場は，全面復
旧までに4か月半を要し，サプライチェーンも途絶を余儀なくされた。半導体
産業でも，ソニーセミコンダクタマニュファクチュアリングや三菱電機パワー
デバイス，ルネサス セミコンダクタ マニュファクチャリングといった大手企
業の熊本工場が被災し，半導体製品の供給が滞った。九州の基幹産業でもある
自動車と半導体でサプライチェーンの途絶が発生した。もちろん各社の事前の
準備が全く機能しなかったわけではない。想定を超えた甚大な被害と混乱した
状況の中で，各社のものづくり現場は事前の準備と持てる総力を結集して，生
産の早期復旧を果たしていった。その意味では，熊本地震では，過去の経験か
らの蓄積が活きた部分と，新たに現れた課題が混在していたと言える。

本書では，SCRMの視点から，今後の震災をはじめとするさまざまな大規模災害に対応するために，熊本地震からの教訓と見えてきた課題について分析していく。この分析を通して，大規模災害によるサプライチェーンの途絶，復旧に関する知見の蓄積を進め，グローバル規模でもし烈な競争を強いられている日本の製造業が，競争力のあるより強固なサプライチェーンを構築していくことに貢献することを目的としている。

2. 本書の特徴

本書の特徴は次の通りである。第1は，多面的かつ実証的な分析アプローチを行っていることである。熊本地震で被災したアイシン九州の生産復旧の取り組みについての考察が中核の一つをなしているが，被災企業であるアイシン九州だけでなく，支援に当たった親会社のアイシン精機，取引先であるトヨタの支援チームの協力を得て，各々の視点から分析を行っている。また生産現場での取り組みとともに，経営トップ層の非常事態対応，大規模な代替生産を実施するうえで不可欠であったロジスティクスの再構築についても考察を行っている。先行研究の多くは，被災企業側，もしくは支援企業側の視点，かつ生産現場レベルからのみの分析を中心としているが，本書では，被災企業と支援企業双方からの多面的かつ実証的なアプローチにより，震災時の影響と対応をより深く解明することを目指している。

第2は，個別事例の考察にとどまらず，企業横断的，産業横断的な分析を試みていることである。同様に震災等により大きな被害を受け，サプライチェーンを途絶させた場合でも，その影響や対応は，サプライチェーンにおける位置づけ，製品特性，産業特性等さまざまな変数に左右される。このため本書では，組立加工型産業である自動車産業と資本集約型産業である半導体関連産業，そして自動車産業においてはトヨタとホンダについて，SCRMに関する比較考察を行っている。

第3は，共同研究の成果としての一貫性・統一性である。本書執筆に当たっ

ては，多くの関係者へのインタビューや工場調査を実施したが，全ての調査を
著者3人の共同調査として取り組み，これが各章の考察のベースになっている。
また分担執筆した各章の内容についても，約2年間に及んだ研究会で，各々の
問題意識を共有しながら，議論を繰り広げてきた。これに基づいて各章で展開
される指摘や主張は，著者3人の共通認識に基づくものである。

3. 本書の構成

　こうした特徴を持つ本書は，序章を除く8章で構成されている。以下は，そ
の概要である。第1章（「九州の自動車産業と熊本地震による被害（目代武
史）」）では，SCRMにおける熊本地震からの教訓と課題を分析するうえで，
前提となる文脈的情報を整理している。大きな枠組みや考え方は共通であると
しても，震災のようなリスクが顕在化した際の影響や対応は，個別の文脈に埋
め込まれており状況即応的な問題解決が求められるためである。まず九州にお
ける自動車産業の位置づけを整理し，震災の前までにどのような課題に直面し
ていたのかを明らかにする。次いで熊本地震の概要と被害，復旧過程を概観す
る。そのうえで熊本地震がサプライチェーンに及ぼした影響の全体像を示して
いる。

　第2章（「サプライチェーン途絶の原因と対応：過去の事例と先行研究（目
代武史）」）では，これまで日本自動車産業が直面した主なサプライチェーン途
絶の事例をとりあげ，その復旧過程を描写し，先行研究においてその対応がど
のように分析されてきたかを整理する。そのうえで熊本地震における各社の
SCRMを分析するための着眼点や枠組を提示している。具体的には災害に
よるサプライチェーンへの影響や対応を考察する枠組みとして，拠点レベルと
ネットワークレベルを峻別したうえで，各々のレベルでの頑健性と復旧力につ
いて検討することの必要性を主張している。

　第3章（「サプライチェーンの途絶と前代未聞の代替生産：アイシングルー
プの取り組みの考察（西岡正）」）では，熊本地震で甚大な被害を受けた九州最

大規模の自動車部品メーカーのアイシン九州（熊本市）の被災から生産復旧までのプロセスについて考察している。アイシン九州の被災によって，納入先であったトヨタはサプライチェーンを途絶させ，国内完成車組立ラインの大部分の稼働停止を余儀なくされることとなった。こうした事態を受けて，アイシン九州では，トヨタやアイシングループの支援の下，九州内外に自社設備と人員を全面的に移管，前代未聞とされる大規模な代替生産を実施，途絶したサプライチェーンの早期復旧に取り組んだ。このアイシン九州の代替生産，そしてその後の自社への生産引き戻しに焦点を当てて，大規模地震のような不測の事態が生じたときに，日本自動車産業のサプライチェーンの復旧力が，いかにして機能・発揮されるかについて明らかにしている。

第4章（「大規模代替物流網を力業で構築したアイシン：力業を使えない企業でも事前に考えておくべき課題（野村俊郎）」）では，アイシングループが熊本地震対応で実施した大規模な代替物流網の構築を分析している。今回，アイシングループが実施した前代未聞の代替生産では，代替生産先が多数，かつ空間的にも広範囲にわたったため，「成り行き」のままでは物流導線の錯綜，複雑化が避けられなかったが，中継物流を導入することで大規模な代替物流網を短期間に一挙に構築し，最適化を図ったことを明らかにしている。危機に備えて代替生産とセットで代替物流網の構築計画を策定している企業は少ないことを指摘，非常事態対応におけるロジスティクスの重要性を主張している。

第5章（「非常事態におけるトヨタの被災サプライヤー支援：信頼と学習が支えるサプライチェーンの頑健性（西岡正）」）では，被災したアイシン九州の早期の生産復旧を現地で支えたトヨタの支援チームに焦点を当てて，サプライチェーンが途絶するような非常事態において，組織間で信頼がいかに機能し，危機対応の知識や経験がいかにして移転（活用）されるのか，また組織マネジメントがいかに行われるのかについて，主に組織間の信頼と学習の視角から考察している。ここでは組織間信頼の存在は，機会主義的行動を抑制し，組織間の調整コストを節約，非常事態対応において大きな役割を有すること，平常時の組織間学習や改善活動により形成される問題解決能力が，非常事態に必要と

される復旧力の基盤能力となること等を指摘している。

第6章（「被災からのホンダ熊本製作所の復旧対応（西岡正，目代武史）」では，熊本地震に直撃された本田技研工業熊本製作所（ホンダ熊本製作所）の被災状況，生産復旧に向けた取り組みについて考察している。熊本県内最大規模の製造業事業所でもあるホンダ熊本製作所は，地震により工場建屋や多くの生産設備が損壊，全面復旧まで4か月半にわたる長期間を要している。サプライヤーには大きな被害はなかったものの，熊本製作所の被災がサプライチェーンを途絶させる原因となった。ここでは熊本製作所の復旧をめぐって，復旧の阻害要因（代替生産の困難度，垂直統合度の高さ）と促進要因（人材動員の柔軟性）の存在を指摘したうえで，復旧対応が主力製品である二輪車の市場特性の影響を強く受けたことを指摘している。

第7章（「半導体産業におけるサプライチェーン・リスク・マネジメント（目代武史）」）では，九州に立地する半導体工場を対象として，熊本地震の影響と対応，その成果について分析している。半導体や液晶パネルといった資本集約型産業では，高精度な装置を多数並べて生産することから，生産工程の代替可能性や可搬性に大いに制約がある。生産リードタイムも長く，ひとたび生産が止まると，生産ラインを復旧しても再び出荷を開始できるまでに長い時間を要する。製造固定費が大きく，規模の経済が働くことから，生産停止中の機会損失も大きい。ここでは，自動車産業との比較を行い，資本集約型産業におけるSCRMには，自動車産業をはじめとする組立型産業とは異なる課題や対策が求められることを指摘している。

終章（「熊本地震の教訓と課題（目代武史，西岡正）」）は，本書全体を通してのまとめである。ここまでの分析を踏まえ，事例で取り上げた各社では，拠点レベルでも，ネットワークレベルでも，過去の経験からの蓄積が活かされ，サプライチェーンの頑健性や復旧力を高めるための取り組みを進めてきたことが，早期の生産復旧や被害の軽減に寄与したことを確認している。こうした取り組みをより強化していくとともに，被災対応においては従業員ならびに地域社会からの理解と協力を得るために，被災企業自らのコミットメントを明確に

示すべきことを教訓として強調している。他方で，建屋の耐震強化や生産設備の耐震・免震対策などのハード面の頑健性強化と，特定の拠点やサプライヤーへの集中については，引き続き残された課題であるとしたうえで，熊本地震への対応では，代替生産を可能にする代替物流網の構築という新たな課題も現れたことを指摘している。またサプライチェーンがグローバルに広がり，海外拠点を含めたSCRMを強化していくためには，機会主義的行動の抑制についても今後大きな課題となることを指摘して締めくくっている。

　なお，各章で紹介した方々の役職等の記載については，すべて調査時点のものである。

西岡　正

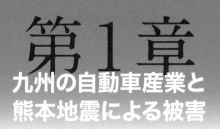

第1章
九州の自動車産業と熊本地震による被害

1. はじめに

　2016年4月に発生した熊本地震の影響により，トヨタは国内30ラインのうち26ラインが停止する事態になった。アイシン精機の子会社であるアイシン九州が被災し，同社から調達していたドアチェックという部品の供給が止まったためである。トヨタの国内工場で使用されるドアチェックの9割以上がアイシン九州によって供給されていたことが原因であった。半導体産業でも，熊本に立地するソニーセミコンダクタマニュファクチャリングや三菱電機パワーデバイス，ルネサス セミコンダクタ マニュファクチュアリングといった大手企業の熊本工場が被災し，半導体製品の供給が滞った。九州の基幹産業である自動車と半導体でサプライチェーンの途絶が発生したのである。

　阪神淡路大震災，アイシン精機刈谷工場火災，新潟県中越沖地震，東日本大震災といった数々の災害を経て，日本の製造業はサプライチェーンの頑健性を高めるための対策を積み重ね，次の災害リスクへの準備を進めてきた。第2章で議論するように，サプライチェーンの途絶は，サプライチェーンを構成する個々の拠点レベルと拠点の繋がりであるネットワークレベルで生じ得る。その対応は，災害などのショックに対して影響を受けにくくする頑健性の向上と，かりにサプライチェーンが被災した場合でも迅速に機能回復を図る復旧力の強化がある。サプライチェーン・リスク・マネジメント（SCRM）においては，拠点レベルとネットワークレベルの双方において，頑健性と復旧力を強化することが基本となる。

　他方で，大きな枠組みや考え方は共通であるとしても，現実のSCRMは，各現場における災害の発生状況や産業特性，対象事業所の立地などさまざま

8

変数から影響を受ける。つまり，リスクが顕在化した際の影響や対応は，その文脈に埋め込まれており，状況即応的な問題解決が求められる。逆に言えば，ある被災事例において機能した対策であっても，その有効性は特定の文脈に依存した部分も含まれる。したがって，SCRMの分析においては，対象事例が埋め込まれている固有の文脈に注意を払い，普遍性のある対策と文脈固有的な対策とを峻別することが重要である。

　そこで本章では，SCRMにおける熊本地震からの教訓と課題を分析するにあたり，その前提となる文脈的情報を整理する。第2節では，九州における自動車産業の位置づけを整理し，震災の前までにどのような課題に直面していたのかを明らかにする。続く第3節では，熊本地震の概要と被害，復旧過程を概観する。そのうえで第4節では，熊本地震がサプライチェーンに及ぼした影響の全体像を描き出すこととする。

2. 九州の自動車産業

2-1. 九州における自動車産業の位置づけ

　まず，九州の中での自動車産業の位置づけをみていく。九州には，日産自動車九州株式会社，日産車体九州株式会社，トヨタ自動車九州株式会社，ダイハツ九州株式会社が立地している。完成車工場が4拠点，エンジンなどのユニット工場が3拠点ある（図表1-1参照）。さらに，本田技研株式会社が熊本製作所で二輪自動車を生産している。

　完成車の生産台数は，1990年代からほぼ一貫して増加している（図表1-2）。2006年には生産台数は100万台を突破し，2012年には140万台を超えた。自動車生産台数の伸びに呼応して，九州に立地する自動車関連事業所数も増加していった。九州自動車・二輪車産業振興会議によると，2017年現在における九州の自動車関連事業所数は，987社に達する。その内訳は，福岡県が450事業所，佐賀県が88事業所，長崎県が38事業所，熊本県が76事業所，大分県が197事業所，宮崎県が68事業所，鹿児島県が70事業所となっている。

第1章 九州の自動車産業と熊本地震による被害　9

図表1-1　九州の自動車メーカーの概要

	日産自動車九州㈱	日産車体九州㈱	トヨタ自動車九州㈱ 宮田工場	トヨタ自動車九州㈱ 苅田工場	トヨタ自動車九州㈱ 小倉工場	ダイハツ九州㈱ 大分（中津）工場	ダイハツ九州㈱ 久留米工場
生産開始	1976年12月（車両生産）	2009年12月	1992年12月	2005年12月	2008年8月	2004年11月	2008年8月
従業員数	約4,200人	約2,150人	約8,000人	約2,100人		約3,000人	約400人
生産能力	53万台	17万台	43万台	44万基	22.5万基	46万台	32.4万基
生産車種（生産品目）	セレナ エクストレイル ティアナ ローグ ローグスポーツ	パトロール インフィニティ QX80 エルグランド NV350 キャラバン アルマーダ	LEXUS CT LEXUS RX/RXh LEXUS NX/NXh LEXUS ES/ESh	L4 2.0L 過給エンジン V6 3.5L エンジン 足まわり部品	ハイブリッド専用トランスアクスル	キャスト ミライース ウェイク アトレーワゴン ハイゼットキャディー ハイゼットトラック ハイゼットカーゴ	KFエンジン トランスミッション部品

出所：北部九州自動車産業アジア先進拠点推進会議「北部九州自動車産業アジア先進拠点プロジェクト」http://www.pref.fukuoka.lg.jp/uploaded/life/324030_53460085_misc.pdf（2018年7月7日検索）

図表1-2　九州における自動車生産台数の推移

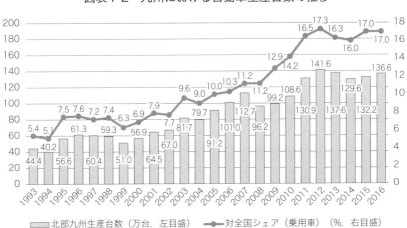

出所：北部九州自動車産業アジア先進拠点推進会議「北部九州自動車産業アジア先進拠点プロジェクト」http://www.pref.fukuoka.lg.jp/uploaded/life/324030_53460085_misc.pdf（2018年7月7日検索）

10

　その結果，九州において自動車産業は，半導体産業と並ぶ基幹産業に成長した。図表1-3は，九州における産業別の工業出荷額を示している。自動車を含む輸送用機械器具製造業の出荷額は約3兆9,700億円で，九州全体の工業出荷額に占める比率は17.9％（第1位）に達する。第2位は食料品製造業（出荷額2兆9,300億円，構成比13.2％），第3位は電子部品・デバイス・電子回路製造業（同1兆7,000億円，同7.7％）となっている。

図表1-3　九州における主要産業の工業出荷額（平成26年）

工業品目	九州			全国		
	順位	製造品出荷額（百万円）	九州構成比（％）	順位	製造品出荷額（百万円）	全国構成比（％）
輸送用機械器具製造業	1	3,969,842	17.9	1	60,063,334	19.7
食料品製造業	2	2,928,885	13.2	3	25,936,077	8.5
電子部品・デバイス・電子回路製造業	3	1,703,603	7.7	9	13,817,602	4.5
化学工業	4	1,682,496	7.6	2	28,122,960	9.2
鉄鋼業	5	1,643,220	7.4	4	19,202,162	6.3
飲料・たばこ・飼料製造業	6	1,372,173	6.2	12	9,596,768	3.1
金属製品製造業	7	927,538	4.2	8	13,932,776	4.6
窯業・土石製品製造業	8	897,244	4.0	15	7,332,194	2.4
石油製品・石炭製品製造業	9	865,512	3.9	5	18,659,085	6.1
電気機械器具製造業	10	845,145	3.8	6	17,031,700	5.6

出所：経済産業省「平成26年工業統計」（従業者4人以上の事業所に関する統計表）

　また，雇用面でも自動車産業の存在感は大きい。平成25年版工業統計調査によると，九州管内における自動車車体・付随車製造業の雇用者数は959人，自動車部分品・付属品製造業は21,302人，自動車タイヤ・チューブ製造業が4,810人，自動車製造業（二輪自動車を含む）は18,674人となっている[1]。単純合計でも自動車関連産業の雇用者数は45,000人余りであり，その家族や周辺産業の従業者数を考慮すると，自動車産業が多くの人の生活を支えていることが分かる。

2-2. 自動車産業における九州の位置づけ

(1) サテライト生産拠点としての九州

　次に，自動車産業における九州の位置づけについて整理しておきたい（図表1-4参照）。

　第1に，九州の自動車産業は，基本的に自動車メーカーにとってサテライト生産拠点である（折橋・目代・村山 2013）。例えば，日産九州と日産車体九州の生産能力は，合計で年産70万台になるが，これは日産グループの国内拠点で最大の規模である。日産は，九州を地域の優位性を活かした低コスト領域のリーダー拠点として位置付ける一方，関東地区が電気自動車や新技術，新工法の開発を担い，栃木・いわきの生産拠点が高級車やエンジンの生産を担当する分業体制をとっている。

　また，トヨタも九州を中型車や高級車の高品質なものづくりを追求する国内第2の拠点と位置付けている。第1の拠点は，本社のある中部地区であり，新型車の開発や基幹技術の開発，新工法の開発，国内生産の中核を担っている。また，2011年以降，東北をコンパクトカーの生産を担う国内第3の拠点と位置づけている。ダイハツ九州もダイハツグループ内で最大の生産能力を持つ工場となっており，生産能力は年産46万台に達する。

　第2に，九州における自動車メーカーの開発機能は限定的である。日産グループは九州を専ら生産機能に特化した拠点としており，九州に開発機能はなく，車種開発は厚木のテクニカルセンターで行っている。トヨタ九州とダイハツ九州も設立当初は，生産機能に特化していたが，近年，部分的に開発機能を持たせる動きをしている。例えば，トヨタ九州は，ボディ設計機能の一部を担うテクニカルセンターを開設している。また，ダイハツは，軽自動車用エンジンの開発拠点「ダイハツグループ九州開発センター」をダイハツ九州久留米工場の隣接地に2015年8月に開設している。これにより，エンジンやトランスミッションの開発や実験・評価，生産を一貫して九州で行う体制づくりを進めている。

　第3に，九州における部品調達の意思決定権も限られている。九州における

図表1-4　九州における自動車産業集積の概観

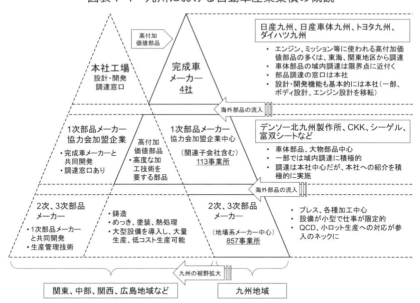

（注）1次サプライヤー事業所数は，アイアールシー『九州自動車産業の実態　2013年版』2012年掲載のトヨタ九州，日産九州・日産車体九州，ダイハツ九州の主要部品別調達状況から九州に立地するサプライヤー（企業ベース）を抽出。複数の完成車メーカーに部品供給する企業があるため，重複部分を差し引いた。その上で，各サプライヤーの九州に立地する事業所数を，九州経済調査会『九州・山口の自動車関連工場等一覧2010』から集計した。
　　2次以降のサプライヤー事業所数は，九州経済調査会の前掲資料から，1次サプライヤー事業所を除いた部分を集計した。
出所：折橋・目代・村山（2013）p.178

開発機能の強化が徐々に進められているとはいえ，新車開発活動を丸ごと九州で行えるわけではない。部品の調達先は，新車の開発時に決められるため，九州で生産される車種についても部品調達先の決定は，自動車メーカーの本社地区で決められている。

　第4に，九州で調達される部品は，シートやインパネ，燃料タンクなど大きく嵩張り輸送効率の悪い品目や，自動車の組立順序に従って短期間で納品しなければならない品目が多い（目代2013）。こうした部品は，九州域外から進出

してきた大手部品メーカーが完成車工場の近くに建設した現地工場から供給されることが多い。

一方で，九州域外から供給されているのが，エンジン部品や電装部品，駆動・懸架系部品などの高機能部品群である（居城・目代 2013）。こうした部品は，製品開発や生産ラインに大きな投資を必要とし，採算ラインを超えるためには集中的な生産が求められる。電装品やエンジン系部品の多くは，比較的小型で荷姿もよいため，部品メーカーの本社工場で集中生産して，九州まで輸送する方が合理的である。九州全体では，年産135万台程度の自動車生産台数があるが，部品メーカーにとっては，同じタイプの部品であっても自動車メーカーごと，さらには車種ごとに部品種類が分かれていくと，部品レベルの生産規模はかなり小さくなってしまう。この問題を乗り越えない限り，機能系部品の九州における地元生産化は，実現が難しい。

第5に，九州の自動車産業は，完成車レベルでも部品レベルでも，海外の生産拠点や輸入部品との国際的な競争圧力により一層晒されるようになってる。自動車メーカーは，世界最適地生産の方針の考えのもと，新型車種の生産を品質，コスト，納期の点で最も有利な拠点で行う方針をとっている。部品レベルでも，自動車メーカーは，中国や韓国，タイといった低コスト国からの部品調達を進めている。こうした動きは，特に日産グループで顕著である。日産はすでに，小型車マーチの生産をタイ工場に全面移管している。また，2012年夏に日産九州で量産の始まったノートの場合，海外部品の比率は従来の約20％から約40％に高められている（折橋・目代・村山 2013）。とりわけ九州は，アジアの低コスト生産国と地理的に近いことから，自動車部品産業は海外からの低価格な輸入部品との競争に常時晒されていたのである。

3. 熊本地震の概要と被害

以上が，熊本地震直前までの九州における自動車産業の状況であった。次に，本節では熊本地震の概要を示し，主にマクロ的観点から被害の概要と復旧

14

の過程について整理する。

3-1. 熊本地震の概要

　2016年4月14日に発生した前震（M6.5，最大震度7）は，熊本県内から鹿児島県北部に渡って位置する日奈久断層帯の北端部で発生した。16日未明に発生した本震（M7.3，最大震度7）は，熊本県内を走る布田川断層帯が活動したことで生じた。当初14日の揺れを本震としていたが，その後16日に発生した地震を受けて，気象庁は14日の地震を前震，16日の地震を本震とすると修正した。図表1-5は，前震および本震による各地の震度を示している。同一

図表1-5　熊本地震による各地の震度（震度6弱以上）

発生時刻	震度	都道府県	地名
平成28年4月14日 21時26分 （前震）	震度7	熊本県	益城町宮園
	震度6弱	熊本県	熊本市東区佐土原，熊本市西区春日，熊本市南区城南町，熊本市南区富合町，玉名市天水町，宇城市松橋町，宇城市不知火町，宇城市小川町，宇城市豊野町，西原村小森，嘉島町上島
平成28年4月16日 1時25分 （本震）	震度7	熊本県	益城町宮園，西原村小森
	震度6強	熊本県	南阿蘇村河陽，菊池市旭志，宇土市浦田町，大津町大津，嘉島町上島，宇城市松橋町，宇城市小川町，宇城市豊野町，合志市竹迫，熊本中央区大江，熊本東区佐土原，熊本西区春日
	震度6弱	熊本県	阿蘇市一の宮町，阿蘇市内牧，南阿蘇村中松，南阿蘇村河陰，八代市鏡町，玉名市横島町，玉名市天水町，菊池市隈府，菊池市泗水町，大津町引水，菊陽町久保田，御船町御船，美里町永富，美里町馬場，宇城市不知火町，山都町下馬尾，氷川町島地，合志市御代志，和水町江田，熊本南区城南町，熊本南区富合町，熊本北区植木町，上天草市大矢野町，天草市，五和町
		大分県	別府市鶴見，由布市湯布院町川上

出所：内閣府「平成28年（2016年）熊本県熊本地方を震源とする地震に係る被害状況等について」（2017年3月14日現在）

図表1-6　熊本地震における震央の分布

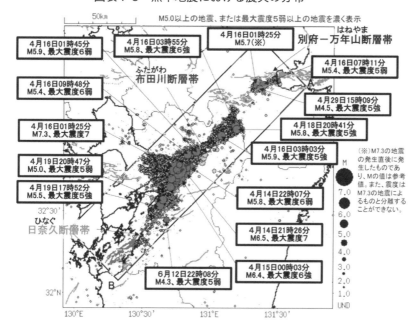

（注）2016年4月14日21時00分〜7月12日08時30分．M全て，深さ0〜20km．
出所：気象庁「平成28年（2016年）熊本地震について（第41報）」(2016年7月12日)
　　　http://www.jma.go.jp/jma/press/1607/12a/kaisetsu201607121030.pdf （2018年7月10日検索）

地域で震度7の揺れが立て続けに発生した点に熊本地震の特徴がある。14日の最初の地震から16日までの短期間に震度6弱以上の地震が7度も発生した。その後も断続的に余震が発生し，震央も大分・万年山断層帯へと広がりを見せていった（図表1-6）。

3-2. 熊本地震による被害

(1) 人的被害と建物被害

　熊本地震がもたらした人的被害は甚大だった。2018年4月13日時点で，死者267名，重傷者1,198名，軽傷者1,606名を記録した（図表1-7）。また，建

16

物被害も深刻で，住宅全壊が8,682棟，住宅半壊が33,600棟，住宅一部損壊は152,749棟にのぼった。熊本県と大分県を中心に土砂災害も多発した。土石流等が57件（熊本県54，大分県3），地滑りが10件（熊本県10），がけ崩れが123件（佐賀県1，長崎県1，熊本県94，大分県15，宮崎県11，鹿児島県1）であった。

図表1-7　熊本地震による人的被害と建物被害

都道府県名	死者（人）	重症（人）	軽傷（人）	住宅被害（棟）			非住家被害（棟）		火災（件）
				全壊	半壊	一部損壊	公共建物	その他	
福岡県		1	16			4	251		
佐賀県		4	9			1		2	
長崎県						1			
熊本県	264	1,179	1,553	8,673	33,432	144,402	439	10,590	15
大分県	3	11	23	9	222	8,070		62	
宮崎県		3	5		2	21			
合　計	267	1,198	1,606	8,682	33,600	152,749	439	10,654	15

出所：非常災害対策本部「平成28年（2016年）熊本県熊本地方を震源とする地震に係る被害状況等について」（2018年4月13日現在）より作成。http://www.bousai.go.jp/updates/h280414jishin/pdf/h280414jishin_52.pdf（2018年7月7日検索）

　そのため多くの住民が避難を余儀なくされた。図表1-8に示すように，熊本県ではピーク時には855カ所の避難所が開設され，避難者数は最大183,882名に達した。避難者数は4月19日以降減少に向かったが，4月末時点でも3万人余りが被災生活を送った。大分県では，避難所は311カ所開設され，最大12,443名が避難した。大分県の避難所は2016年5月16日までにすべて閉鎖されたが，熊本県の避難所がすべて閉鎖されたのは，地震発生から半年後の2016年11月18日であった[2]。

(2) インフラの被害状況と復旧の経過

　図表1-9は，電力，ガス，水道の被害状況と復旧経過である。熊本地震では，まず4月14日の前震により16万7,000戸が停電した。九州電力は最大約2,400人を動員して，4月15日23：00に停電を解消した。ところが，16日未明に発

図表1-8　熊本地震による熊本県の避難者数と避難所数の推移

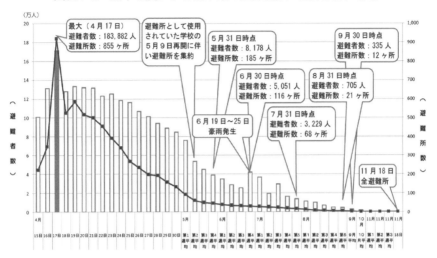

出所：内閣府（2017）『平成29年版　防災白書』日経印刷, p.3

図表1-9　ライフラインの被害状況

	最大戸数	復旧状況
電力	47万7,000戸 （平成28年4月16日2時）	平成28年4月20日復旧
ガス	10万5,000戸 （平成28年4月16日9時）	平成28年4月30日復旧
水道	44万5,857戸 （各地方公共団体の最大断水戸数累計）	平成28年7月28日復旧

出所：内閣府（2017）『平成29年版　防災白書』日経印刷, p.4.

生した本震により再び大規模な停電（最大47万7,000戸）に見舞われた。九州電力の3,600人に加え，他電力会社からも約600人の応援人員が支援に駆け付け，復旧作業に当たった。その結果，がけ崩れや道路の破損等により復旧が困難な箇所を除いて，本震から5日後の4月20日に停電が解消された[3]。

　水道については，14日の前震により井戸水の濁水や断水が多数発生し，送水管や配水管にも漏水が発見された。そして，16日の本震により，前震を耐

えた水道管も破損するに至った。その結果，本震直後には44万戸余りが断水に見舞われた。5月22日までには水道の復旧率は99.9％にまで改善したが，完全な復旧を果たしたのは本震から3か月半近く経過した7月28日であった。

　高速道路については，前震直後から交通規制がかけられた。九州自動車道は，益城熊本IC～松橋IC間（19.6km）が，九州中央自動車道では嘉島JCT～益城本線料金所（0.9km）が4月15日時点で通行止めとなった。16日の本震後は，九州地区の高速道路は最大507kmが通行止めとなった。その後次第に復旧が進み，九州自動車道は4月29日に，大分自動車道は5月9日に全線が復旧した。九州自動車道の開通には14日，大分自動車道の復旧には23日を要した[4]。

　鉄道については，九州新幹線は一時的に全線運休に追い込まれた。熊本駅南側で回送中だった新幹線が6両全て脱線し，本線をふさいだためである。脱線車両を撤去する作業は，余震が続く中4月18日から開始し，4月24日に完了した。その間，4月20日に新水俣～鹿児島中央間で，23日には博多～熊本間で運行を再開した。4月27日には熊本～新水俣間も復旧し，全線の運転が再開された。

　熊本空港は，4月19日に管制塔での業務を再開し，同日午後3時から5つの搭乗口のうち3つの運用を再開した。旅客便は，4月20日の時点で通常の約7割に当たる50便が運航された。6月2日には国内線全線が，6月3日には国際便の一部が運航を再開するに至った。

　一般道については，道路の陥没や土砂崩落，落石，法面崩壊，橋梁損傷などが多数発生し，通行止や片側相互通行などがいたるところで発生した。前震発生から3ヵ月経過した7月14日時点でも，熊本県および大分県の国道で6区間，県・政令市道で18区間が通行止めであった[5]。それにより，支援物資の輸送に支障をきたしたり，一般道路の慢性的な渋滞を引き起こしたりするなどの影響が続いた。しかし，東日本大震災の経験も活かされた。例えば，通行可能な道路を，実際に現地を通過した車両からのデータを集計して道路地図に反映するサービスが提供された[6]。Google株式会社と本田技研工業が提供する「自動車

図表1-10　交通インフラの復旧状況

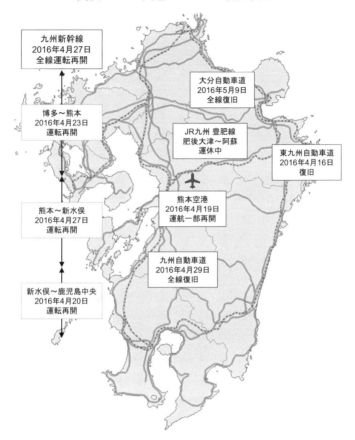

出所：非常災害対策本部「平成28年（2016年）熊本県熊本地方を震源とする地震に係る被害状況等について」（2018年4月13日現在），NEXCO西日本「平成28年熊本地震による高速道路の被災箇所と復旧状況（その2）」（2016年5月2日現在）などの資料に基づき筆者作成。

走行実績マップ（Googleクライシスレスポンス　災害情報マップ）」，トヨタ自動車が提供する「通れた道マップ」，Yahoo!地図の「道路通行実績情報」，ITS Japanの「乗用車・トラック通行実績情報」などが地震発生からほどなくして立ち上げられた。

4. 熊本地震のサプライチェーンへの影響

詳細については，第2章以降で分析していくが，ここでは熊本地震がもたらしたサプライチェーンへの影響について全体像を示しておきたい（図表1-11）。

第1に，自動車産業では，自動車メーカーにより明暗が分かれた。最も影響を受けたのは，トヨタ自動車であった。アイシン九州から調達していたドアチェックの供給が滞ることで，全国の車両生産ラインのほとんどが操業停止に追い込まれた。同部品の9割以上をアイシン九州に依存していたことが原因であった。日産九州および日産車体九州，ダイハツ九州もアイシン九州から部品を調達していたが，その品目も取引量も限られていた。日産九州やダイハツ九州の部品調達先の多くは，福岡県や大分県など比較的震源から離れた場所に立地したこともあり，仕入れ先の被害は最小限であった。そのため，日産九州については，地震後一時的に操業を停止したが，4月18日には生産を再開した。ダイハツ九州はやや操業停止が長引いたが，4月25日から生産を再開している。

第2に，自動車産業における復旧の動きは早かった。熊本拠点が被災したアイシン精機は，前震が発生した直後から情報収集に入り，15日午前1時過ぎには本社対策本部を立ち上げた。熊本でも15日朝に現地対策本部が設立された。また，主要取引先であるトヨタ本社とトヨタ九州も熊本地震対策本部を設営するとともに，災害対応のスペシャリストを現地に派遣して，アイシン九州の復旧支援に当たった。16日の本震後，現地の被害状況から判断して，他拠点へのラインの移設と代替生産の立ち上げが決断された。その後，トヨタの支援の下アイシングループの総力を挙げた復旧活動が行われ，4月23日にはドアチェックの代替生産の代替生産がたち上がった。この復旧過程の詳細については，本書第3章，第4章および第5章において詳しく検討する。

第3に，半導体産業においてもSCRMの明暗が大きく分かれた。ルネサスでは，東日本大震災の教訓を踏まえ，震災をはじめとする災害リスクへの備え

第1章 九州の自動車産業と熊本地震による被害　*21*

図表1-11　熊本地震の主要企業への影響

企業	事業活動への影響	業績への影響
トヨタ自動車	熊本からの部品供給（ドアチェック）が滞ったことで，国内30ラインの内26ラインが稼働停止。4月25日から一部のラインで稼働を再開。5月6日から全ラインで生産再開。	完成車8万台程度の減産
日産自動車	日産自動車九州・日産車体九州（福岡県苅田町）は，前震直後に操業を停止。自社工場にも部品仕入れ先にも被害がほぼなかったことから，4月18日に生産再開。	影響なし
ダイハツ	子会社のダイハツ九州（大分県中津市）で4月18日から22日まで操業停止。ダイハツ工業京都工場も4月20日から26日まで稼働停止。	不明
アイシン九州	4月16日の本震で工場建屋および生産設備に甚大な被害発生。同社が供給するドアチェックの供給が滞り，トヨタグループの国内生産が停止。他拠点で代替生産を立ち上げ，23日からドアチェックの生産を再開，24日から出荷を開始。	被害額約100億円（アイシングループ全体）
本田技研工業	二輪車生産の熊本製作所（熊本県菊池郡）が被災。前震直後から稼働停止。5月6日に海外生産拠点への部品供給を，5月13日からは汎用完成機の組立を再開。二輪車の組立は，6月6日から一部機種で再開，8月22日に全面復旧。	2016年度の生産台数は予定から2万台減，復旧費用132億円，販売機会損失119億円
ルネサスエレクトロニクス	車載用マイコンやLSIなどの前工程を担うルネサスセミコンダクタマニュファクチュアリング川尻工場（熊本県熊本市）が被災。4月22日に一部工程での生産を再開，5月22日に震災前の生産能力に復旧。	物的損失18億円強復旧費用71億円弱機会損失240億円
ソニーセミコンダクタマニュファクチャリング	本震による揺れが想定の2倍を超え，熊本工場（熊本県菊池郡）にクリーンルームなどに甚大な被害が発生。4月22日から復旧活動開始，7月31日に完全復旧。その間，グループ内の他工場での代替生産や生産委託先への委託拡大により供給を維持。	物的損失167億円復旧費用18億円機会損失343億円
三菱電機	パワーデバイス製造所の熊本工場（熊本県合志市）が被災の影響で稼働停止。4月18日から復旧活動開始，5月9日に一部工程での生産再開，5月31日に震災前の生産能力に復旧。	物的被害および復旧費用約83億円
東京エレクトロン	半導体製造装置やフラットパネルディスプレイ製造装置を製造する九州子会社が被災し，稼働停止。4月25日から工場を一部操業再開，6月末までに通常の生産体制に復帰。	物的被害および復旧費用約75億円
HOYA	4月16日の本震により熊本工場（熊本県大津町）で火災発生。工場建屋や製造装置に甚大な被害。6月20日工場の再建を断念。同拠点は，液晶パネル用フォトマスクの技術開発拠点として再編。	不明

出所：各社公式ホームページ，有価証券報告書などから筆者作成。

がとられていた。同社の川尻工場は，比較的震源に近いにもかかわらず，工場建屋や生産設備への被害を最小限にとどめることができた。その結果，前震から8日後の4月22日には一部の生産を再開し，その1ヵ月後の5月22日には震災前の生産能力に復旧した。対照的に，ソニーの熊本工場は，工場建屋やクリーンルーム，製造装置に大きな被害を受け，生産再開までに時間を要した。それでもグループ内の他拠点に熊本工場と同じ構造の生産ラインを持っていたことから，代替生産は可能であり，一定の供給責任を果たすことはできた。地震による建物被害が最も劇的な結末をもたらしたのはHOYA熊本工場であった。4月16日の本震後に発生した火災により，工場建屋と製造装置に甚大な被害を被ったことから，同社は熊本工場における工場の復旧を断念せざるを得なかった。同工場で生産していた半導体用フォトマスクは八王子工場へ生産移管し，液晶パネル用フォトマスクは，同社の台湾と韓国の生産拠点へ移管することが決定された。同社の熊本拠点は，液晶パネル用フォトマスクの技術開発拠点として再出発することとなった。半導体産業におけるSCRMについては，第7章において詳しく分析を加える。

5. おわりに

東日本大震災により露呈したサプライチェーンの途絶リスクに対して，日本の製造業は対策を積み重ねてきた。熊本地震は，東日本大震災以降に日本企業が取り組んできたSCRMの有効性をテストする機会となったとも考えられる。九州には，自動車と半導体という特性の異なる2つの産業が集積している点も，これまで取り組んできたSCRMの有効性と課題を分析し評価する上で重要である。

結果的には，今回もサプライチェーンの途絶を回避することはできなかった。地震の規模自体が大きかったうえ，3日間で震度6弱以上の揺れが7回も発生するなど，事前の想定を超えるさまざまな事態が生じたためである。しかし，各社が準備してきたSCRMのすべてが機能しなかったわけではない。事

前の想定を超えた事態に対して，各社は状況即応的な対応力を発揮して，サプライチェーンの復旧を図っていった。熊本地震では，過去の経験からの蓄積が活きた部分と，新たに現れた課題とが混在していた。そこで，次章では，過去の災害事例をとりあげ，そこから何が明らかにされてきたのかを整理する。それにより第3章以降の熊本地震における自動車産業と半導体産業のSCRM分析への布石とする。

（注）
1 　九州経済産業局（2016）『九州経済の現状 2016年春』より。http://www.ky-ushu.meti.go.jp/keiki/chosa/genjyo/genjyo_2016_haru.pdf（2018年6月30日検索）
2 　非常災害対策本部「平成28年（2016年）熊本県熊本地方を震源とする地震に係る被害状況等について」（2018年4月13日現在）。
3 　熊本地震における電力復旧に関する情報は，経済産業省商務流通保安グループ電力安全課「平成二十八年熊本地震における設備被害と停電復旧対応について」（2016年7月13日）より。http://www.meti.go.jp/committee/sankoushin/hoan/denryoku_anzen/pdf/013_04_00.pdf（2018年7月9日検索）
4 　NEXCO西日本「平成28年熊本地震による高速道路の被災箇所と復旧状況（その2）」（2016年5月2日 現 在 ）http://corp.w-nexco.co.jp/corporate/release/kyushu/h29/0416/pdfs/02.pdf（2018年7月10日検索）
5 　非常災害対策本部「平成28年（2016年）熊本県熊本地方を震源とする地震に係る被害状況等について」（2016年7月14日現在）。
6 　「道路の通行実績マップ，トヨタとホンダが公開」『毎日新聞』2016年4月17日，「熊本地震被災エリアで自動車が通行できた道路を表示，『Googleマップ』や『Yahoo!地図』で開始」INTERNE Watch（2016年4月15日）https://internet.watch.impress.co.jp/docs/news/753375.html（2018年7月10日検索）

【参考文献】
居城克治・目代武史（2013）「転換点に差し掛かる九州自動車産業の現状と課題」『福岡大学商学論叢』58(1/2)，pp.17-47

24

折橋伸哉・目代武史・村山貴俊編著（2013）『東北地方と自動車産業：トヨタ国内第
　3の拠点をめぐって』創成社

目代武史（2013）「九州自動車産業の競争力強化と地元調達化」『地域経済研究』24,
　pp.15-27

　　　　　　　　　　　　　　　　　　　　　　　　　　　　　　目代武史

第2章
サプライチェーン途絶の原因と対応
─過去の事例と先行研究─

1. はじめに

　これまで地震や火災などによりサプライチェーンに混乱が生じるたび，JITをはじめとする日本のものづくりの脆弱性を指摘する声がしばしば提起されてきた。一方で，サプライチェーンや生産管理の専門家からは，そうした指摘とは異なる見解が示され，むしろJITを擁護する分析がなされている。

　そこで本章では，これまで発生した主なサプライチェーン途絶の事例をとりあげ，その復旧過程を描写し，その対応についてどのような分析がなされてきたかを整理する。それにより，この度発生した熊本地震への対応を分析するための着眼点や枠組みを提示する。

2. 過去の事例

　わが国の自動車産業は，火災などの人的災害，地震や台風などの自然災害などさまざまな原因によるサプライチェーンの途絶を経験してきた。図表2-1は，これまでの主要なサプライチェーン途絶の事例をまとめたものである。

　本節では，この中から詳細な分析がなされてきたアイシン精機刈谷第1工場の火災事故，新潟中越沖地震で被災したリケン柏崎工場，東日本大震災の事例をとりあげ，まずサプライチェーン途絶の様相について記述していく。そして，サプライチェーン途絶の原因と復旧に関する先行研究の考察については，次節において検討していく。

図表2-1　過去のサプライチェーン途絶の事例

	事故名	事故発生時点	トヨタのライン ストップ時点	経過
1	東名高速道路日本坂トンネル事故火災（静岡市）	1979年7月11日（水）午後6時25分頃	1979年7月12日（火）午後2時に部分操業へ	トヨタの関東地方のサプライヤー65社の部品供給が断絶した。 トヨタの元町工場が12日（火）午後2時より操業停止，高岡工場は部分操業。 12日夕方より回復・通常操業再開。
2	台風18号豪雨による中央発條・本社工場浸水（名古屋市緑区）	1991年9月19日（水）早朝	1991年9月19日（木）夜よりほぼ操業停止	中央発條・本社工場はトヨタに車体振動制御部品（板ばね，つる巻バネ，スタビライザー）を供給している。 19日夜はトヨタの12工場のうち11工場が操業停止，委託生産の19工場でも休止状態。20日（金）は全面操業停止。21日（土），22日（日）の連休明けより通常操業再開。
3	阪神淡路大震災による住友電工・伊丹工場，富士通テン・神戸工場などの操業停止（大阪府，兵庫県）	1995年1月17日（火）午前5時46分頃	1995年1月19日（木）朝に部分操業夜に全面操業停止	住友電工・伊丹工場はトヨタにクラウン，マーク2などど3車種にディスクブレーキを供給している。富士通テン・神戸工場はトヨタにカーラジオ，カーステレオを供給している。 トヨタは19日（木）朝より部分操業停止，同日夜と20日（金）に委託生産工場も含めて29工場で操業停止。 連休明けの23日（月）に通常操業再開。
4	アイシン精機・刈谷第1工場火災（刈谷市）	1997年2月1日（土）午前4時10分頃	1997年2月2日（日）休日 3日（月）部分操業停止 4日（火）ほぼ全面操業停止	トヨタはアイシン第1工場のブレーキ・クラッチ関連の3部品（タンデムマスターシリンダー，クラッチマスターシリンダー，プロポーショニングバルブ）に約8～9割依存していた。 2日（日）の連休を経て，トヨタは3日（月）に委託工場を含め20工場の30ラインのうち11工場22ラインを操業停止。4日（火）と5日（水）はダイハツ池田工場の1ラインのみ操業。6日（木）はトヨタの田原工場の1ライン，日野自動車羽村工場の1ラインを追加して3ラインで操業。 7日（金）より通常操業再開。
5	東海豪雨による東海理化・西杷島工場浸水と交通網分断（現清洲市）	2000年9月11日（月）夕方	2000年9月12日（火）午後4時より操業停止	トヨタはスイッチ類を東海理化・西杷島工場に依存していた。 12日（火）はトヨタの委託生産工場も含めて24工場で操業停止。 13日（水）夜より通常操業再開。

6	新潟県中越沖地震によるリケン・柏崎工場の操業停止（柏崎市）	2007年7月16日（月）午前10時13分頃	2007年7月19日（木）夕方より全面操業停止	トヨタはリケン・柏崎工場にピストンリングを依存していた。トヨタは19日（木）夕方より委託生産工場も含め全工場の全面操業停止。週明け23日（月）より通常操業再開。
7	東日本大震災	2011年3月11日（金）午後2時46分頃	2011年3月14日（月）全面操業停止	トヨタ自動車東日本・岩手工場，大衡工場，大和工場で一部設備が破損。サプライヤー659拠点が被災，1,260品目の調達に支障が生じた。3月28日（月）から堤工場およびトヨタ自動車九州で部分的に車両生産再開。4月11日（月）からセントラル自動車相模原工場で生産再開。4月18日（月）から27日（水）にかけて国内全工場で通常の5割程度の稼働率で生産を再開。7月，国内工場の生産が正常レベルに回復。
8	タイ大洪水	2011年8月～12月	2011年10月10日（月）1直から操業停止	トヨタの現地生産・販売会社トヨタ・モーター・タイランド（TMT）は洪水被害を免れたが，多数のサプライヤーが浸水。そのため10月10日（月）から車両工場の稼働を停止。11月21日（月）にTMTの車両生産を再開。タイからの部品供給が滞ったため，10月24日（月）から日本国内の車両生産工場の稼働時間を調整。11月21日（月）に通常の稼働レベルに回復。
9	愛知製鋼・知多工場爆発事故	2016年1月8日（金）午後11時40分頃	2016年2月8日（月）から操業停止	トヨタは，愛知製鋼から特殊鋼部品を調達。トヨタは，2016年2月8日（月）から13日（土）まで国内のすべての車両組立工場の稼働を停止。そのうち2月8日はユニット工場を含むすべての国内工場を停止した。
10	アドヴィックス・刈谷工場爆発事故	2016年5月30日（月）午後12時3分	2016年5月31日（火）夜から一部工場で操業停止	トヨタは，アドヴィックスからブレーキ部品を調達。5月31日（火）よるから高岡工場など4工場14ラインで操業を停止。翌6月1日（水）朝からは元町工場など9工場14ラインで車両生産を停止。6月2日（木）から全ラインで生産を再開。

出所：1～6までは塩見（2011）の表13（p.105）からの転載。7～10は，トヨタ自動車，愛知製鋼，アドヴィックス各社のニュースリリース，『日本経済新聞』，『産業経済新聞』より筆者作成。

2-1. アイシン精機刈谷第1工場火災

(1) 火災事故の概要

アイシン精機刈谷第1工場（現アドヴィックス刈谷工場）で，1997年2月1日に大規模火災事故が発生した。切削加工設備のモーターがショートしたことに起因するものであったが，瞬く間に延焼し，鎮火までに4時間半を要する大規模火災事故となった。この火災事故では，P-バルブやタンデムマスターシリンダーといったブレーキ部品の生産ラインが壊滅的な被害を受けた。トヨタは，これらのブレーキ部品の調達をアイシン精機に8〜9割依存しており，またアイシン精機はP-バルブの生産を刈谷工場に集約していたため，トヨタの国内組立ライン（系列メーカー含む）全30ラインのうち22ラインが2月3日には操業停止を余儀なくされた。刈谷第1工場の被害は甚大で，被災した生産設備は507台，焼失面積9,013m^{2}に及んだ。この火災事故に際しては，トヨタの操業停止の長期化が懸念されたが，多くのトヨタ系サプライヤーがP-バルブの生産を肩代わりすることで，トヨタの組立ラインは2月7日には通常操業を再開した。操業停止によるトヨタの減産台数も約7万台に抑えられた。

(2) 先行研究による分析

アイシンにおける火災事故がサプライチェーンの途絶をもたらした背景として，先行研究（西口・ボーデ1999，李1999a，ホイットニー他2013）は，トヨタのP-バルブの調達がアイシン1社に集中していた点，被災工場がトヨタ生産方式に則って操業していたため製品在庫が極めて限られていた点，P-バルブは構造的には単純であったものの安全にかかわる部品であったため専用の加工設備と治具類を必要としていた点，P-バルブが車種ごとに専用設計となっており製品仕様が非常に多様であった点を指摘している。すなわち，火災に見舞われた工場で生産していた製品は，顧客ごと（あるいは車種ごと）に固有な設計であり，生産工程も製品に固有であるうえ，緩衝在庫も限られており，刈谷第1工場に集中しており，アイシンがサプライチェーンの弱い輪となっていたのである。

こうしたことから，トヨタをはじめとする完成車工場は，長期にわたる操業停止に陥る可能性があったが，実際には火災事故からわずか3日で最初の代替生産品が出荷されるなど，予想を超えるスピードで代替生産体制が整えられていった。

李（1999a，1999b）は，この火災事故に際してのトヨタのサプライチェーンの復旧過程を，在庫活用，緊急対応，暫定対応の3つの段階に分けて分析している。在庫活用段階では，海外KD向けの在庫の国内向けの振り替えが行われた。次に，緊急対応においては，トヨタ系サプライヤーの協力組織「協豊会」加盟企業約20社がこれに応じ，アイシン精機の協力会企業などを含め最大70〜80社（2月19日時点）の企業が代替生産に協力した。これらの代替生産先には，トヨタの生産技術部によって，当該部品の生産に向けた汎用ラインの設置支援も行われた。最後の暫定対応段階では，アイシン精機の刈谷第2工場や半田工場にP-バルブなどのブレーキ関連部品の汎用生産ラインが設置された。ここでもトヨタが主導的な役割を果たしたと評価している。4月12日には，他社でのP-バルブの代替生産は終了し，アイシン精機社内で再び全量内製化されることとなった。トヨタからアイシン精機に派遣された技術者などの支援者は，2月10日までに延べ1,200人に達した。

こうした迅速な代替生産を可能にした要因として，先行研究は，危機における労働の柔軟性を指摘している。李（1999b）は，生産現場においては，平時における多能工化やジョブローテーションを通じて，労働者が多様な作業や作業の変化に慣れていたことが危機への対応を可能にしたとしている。同様に，トヨタや協力企業からの技術者をはじめとする応援部隊が速やかに派遣されたように，企業をまたがる技術労働者の移動も柔軟に行われた。また，生産の回復段階においては，休日出勤や労働シフトの変更などを，労働組合との合意のもと，柔軟に行えた点も危機対応に貢献した。その背景には，平時における良好な労使関係があったと指摘している。また，西口・ボーデ（1999）も同様に，アイシン精機において従業員の休日出勤や勤務シフトの変更によって，工場稼働のフレキシビリティが発動され，早期に減産分を取り戻すことができた

30

と評価している。

　また，火災事故に関する補償の在り方についても注目が集まった。西口・ボーデ（1999）は，代替生産を行ったデンソーやカヤバ工業などの企業が，代替生産にかかる費用の補償についてアイシンやトヨタと改まった取り決めをすることなく，P-バルブの生産に取り掛かったことを指摘している。アイシンは，代替生産に協力した企業に対して事故後，代替生産に要した経費を全額補償することに合意している。さらに，トヨタは1次サプライヤーを対象に1997年1月から3月まで購入部品価格を一律に1％値上げした。これにより，代替生産に協力した部品メーカーのみならず，トヨタの操業停止によって間接的に被害を被った1次サプライヤーに対して逸失利益を補償したのである。ホイットニー他（2013）もこの点に着目し，事故に見舞われた企業（アイシン）に対し，競合のサプライヤーや顧客企業が機会主義的な行動をとらなかったことが，迅速な復旧に寄与したと評価している。

2-2. 新潟中越地震

(1) リケン柏崎工場の被災

　2007年7月16日，新潟県中越沖でマグニチュード6.8（最大震度7）の地震が発生した。これにより，エンジン部品のピストンリングを製造するリケン柏崎工場が被災した。とりわけ重量のある生産設備が大きな被害を受け，生産ラインが再稼働するまで2週間を要した。

　ピストンリングは，エンジンの効率性と耐久性を決める重要な部品であり，特殊な加工機械や生産工程を要する。そのため，日本国内のピストンリング・メーカーは，リケン，帝国ピストンリング，日本ピストンリングの3社に集約されていた。なかでもリケンの国内シェアは約5割に達しており，柏崎工場の操業停止により国内外の完成車メーカーが影響を受けた。トヨタでは，関連車体メーカーを含むすべての国内組立ラインが7月19日から操業停止を余儀なくされた。

　被災後，自動車メーカー各社は，すぐさまリケンの復旧活動の支援を行っ

た。地震後の3日間で，プラントエンジニアを含め約650名が自動車メーカーや生産設備メーカーから派遣された。ピーク時には支援者数は約800名に達した。ホイットニー他（2013）によると，7月20日に設備の設置，22日に設備の稼働テスト，24日に2ライン以外のすべてのラインの稼働開始，30日にはすべての生産ラインが再開された。こうした復旧活動の全体指揮は，トヨタが執り行った。

(2) 先行研究による分析

　ホイットニー他（2013）は，アイシン刈谷工場火災事故と中越沖地震のリケン柏崎工場被災の事例を比較検討している。彼らは，両者には多くの重要な共通点があると指摘した。すなわち，単一ないしほぼ単一の部品メーカーへの発注，深いサプライヤー関係，在庫の少なさ，工場の深刻な被害などである。それにもかかわらず，アイシンの事例では，多数の協力企業と競合メーカーが代替生産を引き受け，リケンの事例では代替生産が行われなかった点に着目し，製品およびその生産方法の特性（汎用性と特殊性）が復旧パターンの選択肢を制限すると指摘した。被害を受けた部品の設計と生産方法の関係の特殊性が高いほど，供給の一時的な分散化（すなわち代替生産）は困難である。アイシン刈谷工場の火災事故におけるP-バルブの機械加工の特殊性が比較的低かったのに対して，リケンの事例ではピストンリングは個々のエンジンに対して専用設計され，専用設備で製造される資産特殊性の高いものであった（Asanuma 1989）ため，代替生産による分散が不可能であったと評価している。そして，いずれの場合においても，トヨタは学習及び品質や生産性の向上という長期的な便益が，過剰な安全在庫を持ったり予備の生産能力を持ったりしてサプライチェーンの頑健性を高めるための代償をはるかに上回るとみているため，調達に関して分散よりも部品メーカーとの緊密な連携の強化，すなわち調達先の集中を選択していると指摘している。

　同様に，リケンの生産事例を考察した佐伯（2007）は，「我が国の自動車メーカーは，部品メーカーと製品開発においては濃密な擦り合わせを常とし，

生産・調達面においては工場視察や供給体制の監視に注力してきた。部品メーカーの状況を一定以上理解する商習慣があったからこそ，自動車メーカーの応援部隊はスムーズな復旧支援を成し得た」と，リケンの迅速な復旧が可能になった要因に完成車メーカーと部品メーカー間の取引慣行の存在をあげている。

2-3. 東日本大震災

(1) 震災の概要

2011年3月11日に発生した東日本大震災は，東北地方を中心に甚大な被害を及ぼした。地震の規模は，国内観測史上最大のマグニチュード9.0を記録し，最大震度は宮城県栗原市で震度7を観測した。地震によって引き起こされた巨大津波は，東北地方と関東地方の太平洋側沿海部に壊滅的な被害をもたらした。1万5,000名以上の人命が奪われ，行方不明者は2,500名を超える。地震および津波により，建物の倒壊，道路・鉄道・港湾施設などの交通インフラの損壊，電気・水道・ガスなどの生活インフラの寸断が生じた。さらに，津波による電源喪失により福島第一原子力発電所で炉心融解などの放射性物質の放出事故が発生し，震災に対する支援活動や復旧活動をより困難なものにした。

東北地方および関東地方には，トヨタ自動車東日本の岩手工場（岩手県），大衡工場（宮城県），大和工場（宮城県），日産のいわき工場（福島県），栃木工場（栃木県），追浜工場（神奈川県），富士重工業の群馬製作所（群馬県），矢島工場（群馬県），大泉工場（群馬県），本田技研工業の狭山工場（埼玉県），小川エンジン工場（埼玉県）などの完成車工場やエンジン・変速機などのユニット工場が立地している。トヨタの場合，震災翌日の3月12日には国内全組立ラインおよび車体メーカーの操業を14日から停止することを決定した[1]。4月18日には全組立ラインが生産を再開したものの限定的な生産にとどまり，全組立ラインが2交代生産に復帰したのは6月6日，生産水準が震災前の水準に戻ったのは7月に入ってからとなった。これは震災によって約500品目に達する部品の調達に支障が生じたためであった。阪神淡路大震災で被災した同社

の仕入先は13拠点であったのに対し，東日本大震災ではその数は659拠点に達した（藤本・加藤・岩尾 2016）。

藤本（2011）は，東日本大震災において，特に復旧に時間がかかり，自動車組立工場の操業再開に大きな影響を与えた分野として，車載マイクロコントローラ（マイコン）などの半導体集積回路，合成ゴムなどの機能性化学品，ネジやバネといった微小な単体部品や生産工程で使われる消耗品を指摘した。

第1に，半導体集積回路は，精密で高価な製造装置を要し，厳密に管理された環境下で数百に及ぶ加工ステップを経て製造される。生産リードタイムは非常に長く，平時においてもシリコンウェハを前工程に投入し，組立などを行う後工程を経て完成品になるまで約2か月のリードタイムを要する。今回の震災でとりわけ大きな被害を受けたのは，ルネサスエレクトロニクス（以下，ルネサス）の那珂工場（茨城県ひたちなか市）であった。ルネサスは，車載用半導体の世界最大手サプライヤーの一つであり，国内外の完成車メーカーのみならず，デンソーや日立オートモーティブシステムズなどの一次サプライヤーにも製品を供給している。そのため，ルネサスからの半導体製品の供給停止は，国内のみならず海外の自動車産業にも影響を与えた。那珂工場は，車載用マイコンや特定用途向け集積回路（ASIC）の前工程を担う工場であったが，地震により工場建屋および製造設備に壊滅的な被害を受けた。工場内の高圧電源ケーブルは落下し，生産工程で使用する酸の薬液タンクや酸排気ダクトが大きく破損した。クリーンルームの壁や天井も崩落した。また，製造装置を固定する耐震固定金具も変形し，露光装置も損傷した。工場内の約1,700台の精密装置について診断と修理が必要であった。ルネサスの被災直後の試算では，復旧までに1年程度かかるとみられた[2]。

第2に，機能性の化学品については，タイヤ・ブレーキ用ゴム製品を製造する日本合成ゴム（茨城県鹿嶋），藤倉ゴム工業（福島県小高），大内新興化学工業（福島県原町），塗装用顔料のメルク（福島県小名浜），コンデンサ用電解液の日本ケミコン（茨城県高萩），外山薬品工業（福島県大熊）などが被災した（藤本 2011）。これらの化学品は，装置産業であり復旧が難しく，市場シェア

も非常に高かった[3]ために代替供給も容易ではなかった点がサプライチェーンの復旧を長引かせる原因となった。

第3に，微小な単体部品や工程消耗品の供給業者については，サプライチェーンの末端に位置するため，完成車メーカーが被災の事実を把握するまでに時間がかかったことが問題となった。いわゆるサプライチェーンの可視性の問題である。一般に，自動車部品の取引は，2次サプライヤーの管理は1次サプライヤーに，3次サプライヤーの管理は2次サプライヤーに任せるといった具合に，階層的に管理している。そのため，完成車メーカーからは，4次，5次に位置するような末端のサプライヤーの実態は把握しきれていなかった。このことが完成車メーカーによる問題の把握を困難にし，サプライチェーン復旧へ向けた末端のサプライヤーの復旧支援を遅らせる要因となった。

(2) 先行研究による分析

東日本大震災に伴う自動車産業のサプライチェーン途絶に関しては，その被害の甚大さと影響の広範さからさまざまな観点から多くの研究が行われている。例えば，藤本（2011，2012），佐伯（2011），折橋・目代・村山編（2013），清水・松原（2014），小野・神田・赤倉（2014）などをあげることができる。ここでは，生産現場の視点を出発点としてミクロおよびセミマクロの観点からサプライチェーン途絶の原因と対策を分析した藤本（2011，2012）についてみていく。

藤本（2011，2012）は，東日本大震災によって途絶したサプライチェーンの背景として，①高機能自動車の電子制御の複雑化，②サプライチェーンのグローバル化，③グローバル競争激化の三点をあげている。そのうえでグローバル競争時代の広域大災害に対するサプライチェーン強化策は，競争力と頑健性の両立が必要であり，緩衝在庫や標準部品の採用を近視眼的に増加させるべきではないと指摘した。そして，生産ラインの常時複線化ではなく，常時においては競争力のあるサプライチェーンを追求しつつ，非常時においては代替供給源を迅速に利用可能とする「バーチャル・デュアル化」を目指すべきと主張す

る。

　具体的には，サプライチェーンの頑健性を確保するために，まずサプライチェーンの「弱い輪」を特定する必要があり，その評価軸として①特定サプライヤーへの依存度，②サプライチェーンの可視性，③設計情報の代替可能性，④設計情報の可搬性の四つをあげている。最初の二点については，比較的理解が容易であるが，残りの二点については若干の解説が必要であろう。

　藤本（2004）は，ものづくりを単に物体を加工したり組み立てたりすることではなく，付加価値のある設計情報をモノ（媒体）につくり込むことだと考える。このとき，ある製品ないし部品が特定の顧客製品に最適化した特殊設計（製品の設計情報の特殊性）である場合，あるいはあるサプライヤーの開発プロセスや生産プロセスの特異性を反映した特殊工程（工程の設計情報の特殊性）である場合に，いざというときに当該製品ないし部品を他の製品で代替したり，他のサプライヤーに切り替えたりすることが難しくなる。これが設計情報の代替可能性である。

　また，ものづくりとは設計情報を鋼板やシリコンウェハなどの媒体につくり込むことと述べたが，具体的にはプレス機に金型を装着して鋼板をプレス加工したり，露光装置にフォトマスクを装着してフォトレジストに回路を転写したりしていく。このとき金型やフォトマスクに設計情報が体化されており，震災などにより製造設備（プレス機や露光装置など）が倒壊した際に，設備から設計情報（金型やフォトマスクなど）を取り外し，他の製造設備で速やかに代替生産できるかが問題となる。これが設計情報の可搬性の問題である。プレス加工のようにプレス機からの金型の取り出しが比較的容易な場合もあれば，半導体製造ラインのように製品特殊的な回路設計情報を露光装置から取り出し，他の装置へと移植して高精度の加工を再開することが難しい場合もある。この場合，設備自体あるいはライン全体を復旧させない限り，生産再開が困難となってしまう。東日本大震災におけるルネサス那珂工場がこうした事例であった。

　こうした概念的整理を基に，藤本（2011）は，「バーチャル・デュアル化」により，非常時には事実上複数の供給源を確保する一方，平時には生産ライン

や設備，サプライヤーを常時複数もつことによる競争力低下を回避する対策を提唱している。すなわち，クリティカルな設計情報の「可視性」や「可搬性」がある程度確保できれば，まず被災ラインを迅速復旧させ，それが無理ならばあらかじめ用意してあった別ラインに設計情報を緊急避難させ，同一設計情報の製品の「代替生産」を行うことで供給能力を確保しようという構想である。また，業種や製品によるが，大災害時の復旧目標期間をあらかじめ設定しておくことも提案している。多くの部品で構成される製品の復旧においては，一部の部品のみサプライチェーンが復旧しても製品の生産再開はできないためである。そこで例えば，2〜3週間の復旧目標期間を設定しておき，この期間にバーチャル・デュアル化による代替生産体制を整備し，関連部品・資材のサプライチェーンを一斉に復旧させるのである。この程度の生産停止であれば，通常は半年間の残業や休日出勤で，年間生産量を挽回できるためである。

3. 考察

3-1. 論点整理

　サプライチェーンは，図表2-2に示すように，サプライチェーンを構成する拠点（工場や事業所）とそのつながりであるネットワークによって構成される。言い換えると，サプライチェーンは，点とリンクによって構成される。

　したがって，災害によるサプライチェーンへの影響は，拠点レベルとネットワークレベルの2段階で考えることができる。火災や地震などの非常事態が発生し，サプライチェーン上のある拠点が被災したとしても，それが直ちにサプライチェーンに影響を及ぼすわけではない。安全在庫が事前に確保されていたり，代替供給拠点が利用可能であったりする場合には，特定の拠点が操業停止したとしても，サプライチェーン全体へは影響しないか，影響が軽減される。したがって，サプライチェーンの途絶問題を考える際には，特定拠点における被災と復旧の問題と，サプライチェーンレベルでの影響と復旧の問題を少なくとも概念的には，区別して議論すべきだろう。

図表2-2　サプライチェーンの概念

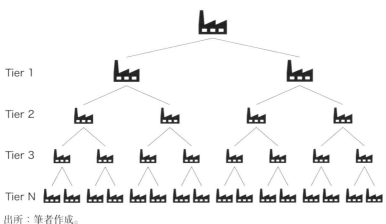

出所：筆者作成。

　図表2-3は，サプライチェーンの途絶リスクに関する問題を整理したものである。火災や地震，台風，洪水などの人的あるいは自然災害が発生した時，その影響はまず個別の拠点に及ぶ。この時，地震や台風，洪水などのショックに対して，その拠点が影響を受けにくいほど，その拠点は頑健性（robustness）が高いといえる。さらに，その拠点が不幸にして被災し，操業度の低下あるいは操業の停止に陥っても，速やかに操業を回復できる場合，その拠点は復旧力（resilience）があるといえる。その拠点の復旧力が強いほど，サプライチェーンに与える影響も軽減される。また，サプライチェーンについても同様に，特定の拠点が操業停止に陥っても，サプライチェーンとしては影響を受けにくいほど，そのサプライチェーンは頑健性が高いといえよう。同様に，サプライチェーンが途絶したとしても，急速に復旧する力があれば，サプライチェーンの復旧力が高いといえる。

　サプライチェーン途絶事例を扱った先行研究は，拠点レベルとサプライチェーンレベルの分析を同時に行っているものが少なくない。現実のサプライチェーン復旧活動は，拠点の復旧とサプライチェーンの復旧が同時並行で取り組まれるが，論理的には，両者は異なるレベルにある問題といえよう。以下で

図表2-3 サプライチェーン途絶リスクに関する問題の整理

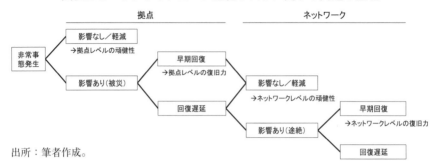

出所：筆者作成。

は，まず拠点レベルでの被災事例とその先行研究による分析をレビューする。次に，ネットワークレベルでの対応事例と先行研究による分析を吟味することにする。

3-2. 拠点レベルにおける頑健性と復旧力
(1) 拠点レベルにおける頑健性

　拠点レベルの操業停止をもたらす要因には，ストライキ，火事，テロ，自然災害などがある（Kleindorfer and Saad 2005）。こうしたリスク要因への対応には，事前の準備が重要となる[4]。これには工場建屋や生産設備に関するハード面の対策と労務管理やメンテナンス活動などのソフト面の対策がある。

　第1に，ハード面については，行政による規制の強化や企業による取り組みが進められている。例えば，阪神淡路大震災では，1986年に施行された建築基準法（新耐震基準）に基づき建設された建築物は，それ以前の基準の建築物に比べ大幅に被害が少なかったことから，耐震基準強化の有効性が確認された。これを受け，1995年12月に「耐震改修促進法」が施行され，2015年までに建築物の耐震化率を90％にまで高める目標が立てられた。工場については，危険物の貯蔵や処理の用途に供する工場を除き，耐震診断や耐震改修は努力義務にとどまるが，多くの企業は自発的に耐震化対策に取り組んでいる。

　第2に，ソフト面についても平時における取り組みが重要となる。例えば，

ストライキによる操業度の低下に対しては，日ごろからの良好な労使関係の構築が鍵を握る。韓国では，自動車メーカーにおけるストライキが頻発しており，2016年における現代・起亜自動車におけるストライキによる同社の損失額は5兆3,000億ウォン（約5,300億円）に達した。これに伴い，1次サプライヤーでは2兆6,800億ウォン，2次サプライヤーでは1兆700億ウォンの損失が生じた[5]。また，工場のインフラ施設や生産設備の整備不良，火災による操業停止に対しても，平時におけるメンテナンス体制と設備保全投資が重要となる。いわゆる5Sの徹底は，異常の兆候の早期発見を促し，操業停止リスクの抑制につながる。ベテラン作業者の技能や経験の世代間の移転も重要な課題である。

　第3に，ハードおよびソフトの両方にまたがる対策として，安全在庫がある。ストライキや火災などの人的原因や震災などの事前災害により工場の操業が停止しても，安全在庫が無事であれば，サプライチェーンの途絶を一定時間回避することができる。過去のサプライチェーン途絶事例においても，災害直後には，在庫の最小化を標榜するトヨタ生産システム（TPS）への批判がマスメディアを中心に提起された。裏を返せば，在庫の積み増しの必要性が指摘されてきた。その一方で，専門家からはTPSをはじめとするリーン生産システムを擁護し，安全在庫の積み増しには否定的な見解が提示されている（西口・ボーデ 1999，李 1999，藤本 2011，佐伯 2011）。その理由として，第1に，在庫の積み増しは，キャッシュフローを悪化させ，生産から納品までのリードタイムを長くするなど，平時における競争力の低下につながること，第2に，広域災害においては積み増した在庫ごと被災する可能性があり，本質的なリスク回避にならないことがあげられる[6]。もちろん，安全在庫を生産地からも納品先からも離れた場所で保管すれば，被災の可能性を軽減することができるが，納入リードタイムも物流効率も著しく悪化する。さらに第3の理由として，在庫の最小化が，生産システムに潜む問題を顕在化し，改善活動の引き金となる点も指摘されている。この平時における改善活動の積み重ねが，問題の発見能力と対応能力の蓄積に貢献し，非常時における大きな問題への対応力の基盤

40

になると分析する研究もある（西口・ボーデ 1999）。

(2) 拠点レベルにおける復旧力

　日本における過去のサプライチェーン途絶を分析した先行研究は，人的資源の動員力と平時における改善活動を通じた問題解決能力を拠点レベルにおける復旧力の鍵と指摘している（西口・ボーデ 1999，佐伯 2011，ホイットニー他2013）。

　第1に，西口・ボーデ（1999）は，アイシン火災における復旧において，労働組合の協力を得て過半数の従業員が復旧に動員されたこと，トヨタからは生産管理，保全，生産技術，購買，品質管理，資材運送部門などの社員が，事故直後から数週間にわたりアイシンに派遣され生産ラインの復旧を支援したこと，他の自動車メーカーやアイシンの協力企業からも数百名がアイシンに派遣され，復旧活動の支援に当たったことを記している。「多くの日本企業によくみられる伸縮自在な人員配置や諸手続きの運営も通常以上に観察された」のである[7]。同様の人的資源の柔軟な動員による復旧は，新潟中越地震におけるリケンの被災（佐伯 2007，ホイットニー他 2013），東日本大震災におけるルネサス那珂工場の被災（佐伯 2011，藤本・加藤・岩尾 2016）においても報告されている。

　第2に，被災工場の復旧に当たっては，大小さまざまな問題解決を極めて厳しい条件下において迅速に実行していく必要がある[8]。例えば，アイシン火災において供給が途絶したP-バルブは，同社においては専用のトランスファーマシンと特注のドリル類を用いて生産していた。P-バルブの代替生産を請け負った協力企業は，アイシンから当該部品の設計図面や仕様指図書，鍛造ブロックを提供されたが，仕様指図書には初めて作る企業に必要な技術的詳細情報が欠けていた。代替生産に協力した企業は，それぞれ自社の生産設備を用いて代替生産を可能とするため，P-バルブの加工方法を独自に再開発したり，加工に必要なドリルを自作したりして，火災の数日後には最初の試作品を納品するに至った。また，代替生産を担ったデンソーは，アイシンが提供した仕様

指図書と工程指図書をマシニングセンターに適合したものに修正し、アイシンの許可を受けたうえで、他の代替生産企業に共有した。西口・ボーデ（1999）は、こうした迅速な問題可決とその企業間の共有を促した要因として、トヨタ・グループにおける平時における改善活動と自主研究会などを通じた企業間学習活動があったと指摘している。そして、こうした問題解決能力の構築と伝播を促進した背景として、「JITは本質的にその脆弱さを抱えているがゆえに、個別企業レベルにおいてもグループ・レベルにおいてもルーティン問題とより大規模な危機の双方に対して、問題解決と継続的改善の能力を育成させる役割を果たしている」と分析している[9]。

　第3に、被災した拠点の復旧難易度を左右する要因として、当該製品および生産システムの技術的特性が関わっている（藤本 2011, ホイットニー他 2013）。そのような技術的特性として、ホイットニー他（2013）は、製品設計と生産方法の相互依存性を指摘している。アイシン火災におけるP-バルブは、搭載する車種ごとに専用設計であったが、その生産方法は多様な代替的方法が存在しえた。一方、新潟中越地震で被災したリケンが生産していたピストンリングは、エンジン種類ごとの専用設計であったうえ、その生産方法もピストンリングの設計と密接に関連していた。そのため、代わりの代替生産先や汎用の生産設備を見つけることが非常に困難となった。藤本（2011）は、これを設計情報の代替（不）可能性および可搬性の問題として一般化した。製品設計が特定顧客や特定用途に向けて専用設計であるほど、生産工程が特定生産ラインに最適化した専用設計であるほど、代替不可能性が高まる。また、生産設備に製品の加工方法が不可分に体化されているほど、設計情報の可搬性は低くなる。こうした条件が重なると、被災した生産ラインを復旧させるために必要な生産設備の調達が難しくなるとともに、再建した生産ラインにおいて所定の加工精度を復元することが困難となるのである。

　第4に、復旧の過程では内外のさまざまな主体が復旧活動に携わるが、その際の機会主義の脅威が復旧に伴う調整負担の程度に関わってくる。西口・ボーデ（1999）は、P-バルブの代替生産や刈谷第1工場の復旧支援に際し、協力

した企業が，支援に当たり必要となる費用の補償に関し事前に協議することなく，また事後的にも必要経費を吊り上げたりすることなく復旧活動に参加した点を強調した。この点は，アイシン火災事故と欧州における火災事故を比較分析したホイットニー他（2013）においても指摘されている。ホイットニー他（2013）によると，欧州における事例では，火災に乗じ支援企業が多大な補償を要求したり，競合企業が取引を奪ったりするような機会主義的な行動が観察された点を指摘している。このような機会主義的行動の抑制は，災害からの復旧に伴う取引費用を大きく引き下げる効果があったと考えられる。

3-3. ネットワークレベルにおける頑健性と復旧力
(1) ネットワークレベルにおける頑健性
　サプライチェーンを構成する生産拠点が被災しても，直ちにサプライチェーン全体も機能不全に陥るとは限らない。被災した生産拠点からの調達比率が低い場合，同等の製品を供給できる生産拠点が複数存在している場合，十分な安全在庫が利用可能な場合などでは，特定拠点の操業停止がサプライチェーンに与える影響は小さくなる（Chopra and Sodhi 2004, Tomlin and Wang 2012）。
　第1に，第2節で紹介したサプライチェーン途絶事例（アイシンの火災事故，新潟中越地震，東日本大震災）は，いずれも特定サプライヤー（アイシン刈谷第一工場，リケン柏崎工場，ルネサス那珂工場など）に調達が集中していた。調達先の集中化の背景には，製品の技術的特性やコスト構造，サプライヤーの組織能力の高さといった競争要因がしばしば存在する。
　例えば，アイシンの事例では，P-バルブの製品構造そのものは複雑ではなく，単価もさほど高くなかったが，安全にかかわる部品であったことから高度の信頼性と耐久性が求められた（西口・ボーデ 1999）。アイシンは，専用のトランスファーマシンと特注の治工具類による大量生産により，コスト競争力と高精度の加工を両立していた（西口・ボーデ 1999, ホイットニー他 2013）。さらに，P-バルブは，搭載する車種ごとに専用設計されることから，仕様数も非常に多かった。こうしたような仕様へ柔軟に対応しながら，高精度の加工

を低コストで行えるサプライヤーは非常に限られていたことから，結果的にアイシン刈谷第一工場にP-バルブの調達が集中していたのである。

第2に，利用可能な代替的サプライヤーが存在していれば，特定のサプライヤーの操業が停止しても，被災サプライヤーを迂回することで，サプライチェーン全体の機能を維持することができる（Kleindorfer and Saad 2005, Tomlin and Wang 2012, Chopra and Sodhi 2004）。代替的サプライヤーの存在の有無にも，製品の設計特性や工程特性が関わっている。アイシン火災の事例では，加工の信頼性やコスト競争力，多様な使用に応える柔軟性の点から特定サプライヤーに調達が集中していたが，P-バルブの加工自体は他の工場でも可能であった（西口・ボーデ 1999）。しかし，リケン柏崎工場で製造していたピストンリングやルネサス那珂工場の車載半導体は，特殊な生産設備や工程が必要であり，代替生産が可能な他社を探すことは困難であった。ピストンリングの場合は，国内のサプライヤーはリケンを含め3社に集約されていた（ホイットニー他 2013）。また，車載マイコンやASICの場合も，高額な生産設備を用いて数百ステップに及ぶ精密加工が必要であり，顧客ごとの要求仕様に応じて生産方法が最適化されていたことから，ルネサス那珂工場に生産が集中していた（藤本 2011，佐伯 2011）。一般に，装置作業的で固定費の大きな製品に関しては，規模の経済が働きやすいため，調達先が集中する傾向が高まる。

第3に，サプライチェーンの各段階で豊富な原材料や部品在庫があれば，一部の拠点の操業停止のショックを和らげることができる。例えば，ルネサスは東日本大震災後に発表した事業継続計画（BCP）において，部材の調達先からの供給が3か月停止した場合を想定して在庫を積み増す措置をとることを発表している[10]。一方で，過剰な在庫の保有は，平時におけるキャッシュフローの悪化や生産から納入までのリードタイムの長期化といった副作用を伴う。また，トヨタ生産方式では，在庫の圧縮を通じて生産システムに潜む課題を顕在化し，継続的に改善を進めるための推進力としている（大野 1978，門田 2006，藤本 2001，藤本 2004）。すでに述べたように，この平時における改善活動が，生産性の向上をもたらすとともに，非常時における組織的な対応力を

構築する基盤となっている（西口・ボーデ 1999）。サプライチェーン途絶リスクに関する海外の研究（Kleindorfer and Saad 2005, Tomlin and Wang 2012）も，サプライヤーとの緊密な連携の重要性を指摘しているが，トヨタ生産システムにおいては，在庫の圧縮が企業間の連携と組織の枠を超えた問題解決能力を構築する促進要因となっている。こうしたことから，藤本（2011）は，確率計算のできるリスクに対しては在庫システムの設計に織り込むべきであるが，確率計算のできない事象である災害に対しては，大災害への準備というだけの理由で在庫の積み増しは行うべきではないと主張している。

(2) ネットワークレベルの復旧力

　火災や自然災害などによりサプライチェーンを構成する供給拠点が被災し，さらに調達先が集中化していたりや代替供給先が利用できなかったり，安全在庫も十分にない場合，サプライチェーンにその影響が及ぶことになる。この場合，被災拠点の復旧を図るとともに，サプライチェーンの迂回路を確保する必要が出てくる。この時鍵となるのは，サプライチェーンの可視性と代替供給路の確保である（藤本 2011）。

　第1に，サプライチェーンの可視性とは，問題となる製品を構成する素材や部品，生産に用いられる機械設備や治工具，消耗品などを供給するサプライヤーの情報が一元的に把握されている程度を意味する。ある製品に用いられる部品の情報は，設計部品表（E-BOM）および製造部品表（M-BOM）によって把握される（藤本 2001）。しかしその詳細については，完成車メーカーがすべて把握しているわけではない。一般に，自動車産業においては，完成車メーカーは，1次サプライヤーの生産能力や工程情報は把握しているが，その先の2次以降のサプライヤーについては限定的な情報しかもっていない。2次サプライヤーは1次サプライヤーが，3次サプライヤーは2次サプライヤーが管理するという具合に，階層的に管理されているために，完成車メーカーの立場からは，サプライチェーンの末端に行くほど情報が見えにくくなっているのである（藤本 2011）。そのために，東日本大震災のような大災害が発生した際に，

被災した中小サプライヤーの被害実態の把握が遅れ，復旧支援の対応が遅れたのである。

そこでトヨタは，東日本大震災後，「RESCUE」（Reinforce Supply Chain Under Emergency）と呼ばれるサプライチェーン情報システムを立ち上げ，サプライチェーンの可視性向上に努めてきた。これは，日本国内で生産される部品と資材について，すべての1次仕入先（約400社）へ2次以下の調達先の調査を依頼し，約4,000品目，30万拠点の情報をデータベース化したものである[11]（藤本・加藤・岩尾 2016）。同社は，このデータベースと内閣府中央防災会議が公表しているハザードマップとを組み合わせ，調達品目別や拠点別にリスク評価できるようにしている。

第2に，被災品目の代替供給路の確保には，当該品目の設計情報の代替性および可搬性が関わってくる（藤本 2011）。すでに第2節で紹介したように，被災拠点が生産する製品が特定の顧客や製品に特殊な設計である場合やその生産システムが特殊な生産設備や工程に依存する場合，およびその組み合わせである場合に，代わりの製品や生産拠点を見つけることは困難となる。言い換えると，製品設計や工程設計が業界標準的である場合や，製品ないし工程アーキテクチャがモジュラー化されている場合には，代わりの部品の代用や代替サプライヤーへの切り替えが容易となる。

次に，設計情報の可搬性であるが，製品の加工情報が特定の生産設備に依存しない場合に，代替生産地での迂回生産が容易となる。例えば，組立工程は，一般に生産設備への依存度が低く，必要部品と人手を確保すれば代替生産は比較的容易に立ち上げることができる。また，プレス加工や樹脂射出成型なども金型に加工情報が体化されており，金型さえ被災工場から搬出できれば（あるいは金型の詳細図面が確保されていれば），代替生産地における生産を再開することができる。一方，製品の加工情報が特定の生産設備や生産工程と不可分に結びついている場合は，生産設備ごと代替生産地に移管して工程を再現する必要が出てくるために，代替生産の立ち上げには非常に困難を伴うこととなる。ルネサス那珂工場の車載半導体や機能性化学品といった装置産業的な品目

は，設計情報の可搬性が非常に低い事例であった。

　第3に，サプライチェーンの弱い輪が特定され，被災拠点を復旧する場合であれ，代替生産を立ち上げる場合であれ，実際にサプライチェーンの機能回復を図る段階では，資源の柔軟な動員力が迅速な復旧の鍵を握る。第2節で紹介した過去の被災事例（アイシン火災事故，リケン柏崎工場，ルネサス那珂工場）では，企業の枠を超えた人的，物的な支援があったことはすでに見た通りである。

　こうした企業の枠を超えた資源の動員を可能とする背景として，機会主義的な行動の抑制を指摘することができる。アイシン火災事故の事例では，P-バルブの代替生産や刈谷第1工場の復旧に携わった協力企業や完成車メーカーは，事前に必要経費の支払いや被害の補償について，事前にアイシンと交渉することなく，復旧支援に取り組んだ（西口・ボーデ 1999）。トヨタは，P-バルブの供給途絶による機会損失の請求をアイシンに行わなかったばかりか，トヨタの操業停止により間接的な損失を被ったサプライヤーに対して，調達部品価格の一時的な引き上げにより，事実上の損失補填を行った（西口・ボーデ1999，李 1999）。また，ルネサス那珂工場の被災事例では，多数の顧客企業が復旧支援に携わったが，自社向け製品の生産ラインの復旧を優先させない旨の紳士協定が結ばれた（藤本・加藤・岩尾 2016）。これとは対照的に，欧州におけるサプライチェーンの途絶事例では，被災サプライヤーからの調達先変更や代替サプライヤーとの事後的な補償問題が発生した（ホイットニー他 2013）。被災企業の工場への顧客企業や代替生産サプライヤー（その多くは競合企業でもある）の立ち入りは，平時においては機密情報である生産ノウハウの流出を招く恐れがある。また，復旧後に厳しい補償問題が生じることが予期されれば，被災企業は他社からの応援人員の受入に消極的になるのは当然である[12]。事後の補償問題に備え，復旧活動に入るまでに補償条件の交渉が必要になれば，それだけ復旧が遅れることになる。

　こうした機会主義的行動の抑制に関しては，二通りの対策が考えられる。第1は，事業継続計画の一環として，被災時の復旧支援に関する補償問題を想定

し，事前に契約などの形で取りまとめておく方法である。第2は，平時における企業間関係の強化により，必ずしも契約によらず，ある種の相互信頼の醸成に努める方法である。日本企業の多く（とりわけトヨタ・グループ）は，これまで後者を重視してきた。しかし今後，サプライチェーン途絶リスクへの対応を海外にまで広げることを考えると，事前の契約による保証条件の明確化も重要性を増すものと考えられる。

3-4. サプライチェーン途絶リスクへの対応のまとめ

　これまでの議論を振り返ろう。図表2-4はサプライチェーンの途絶リスクへの対応策を要約したものである。

　第1に，サプライチェーンを構成する拠点レベルの頑健性とは，火災や地震といった災害から操業が影響を受けにくい程度をいう。ハード面では，工場建屋や生産設備の耐震性や免振性の強化，設備の保守管理投資といった対策がある。また，ソフト面では，平時における良好な労使関係の構築やメンテナンス体制の整備，従業員の教育訓練などがある。さらに，適切なレベルの安全在庫の確保も重要となる。ただし，過度の在庫は，生産システムに潜む問題を覆い隠してしまい，改善を通じた問題解決構築の妨げになる可能性がある点には注意が必要である。

　第2に，拠点が被災しても速やかに操業を回復できる能力を復旧力という。拠点の復旧力には，人材などの動員力や平時から積み上げてきた問題解決能力がカギを握る。また，復旧対象となる製品や工程の技術特性は，復旧の容易度や方式を制約する要因と言える。問題の製品が特定の顧客や用途に特殊な専用設計である場合，生産設備や工程が特定の製品のために特殊設計されている場合，特定の生産設備に製品の加工方法が不可分に体化されている場合などに，復旧の難易度が上がる傾向がある。さらに，拠点の被災に乗じて，仕入先や顧客企業，さらには従業員が機会主義的な行動に出ると，事後に重大な補償問題を引き起こす危険性が高まり，そのために復旧活動への取り組みが遅れたり，損失の挽回が長期化したりする可能性がある。

図表2-4　サプライチェーン途絶リスクと対応

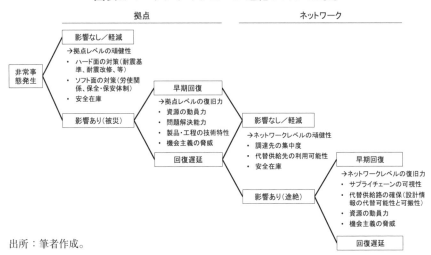

出所：筆者作成。

　第3に，ネットワークレベルの頑健性とは，特定の拠点が被災しても，サプライチェーンの途絶といった影響を受けにくい程度を指す。調達の集中度が高い場合，すなわちある品目の供給を特定の拠点に依存している場合には，その拠点の被災がサプライチェーンに深刻な影響を及ぼす。冗長性の確保は，こうした事態を避ける手段となる。例えば，複社発注による代替的な調達先の確保や安全在庫の上積みといった方策である。

　第4に，ネットワークレベルの復旧力とは，サプライチェーンが途絶した場合に，速やかに供給機能を回復する能力である。ネットワークレベルの復旧力を発揮するためには，まず前提条件として，サプライチェーンの可視性が確保されている必要がある。そのうえで，被災した拠点を迂回する代替供給路を構築する必要がある。この時鍵を握るのが，設計情報の代替可能性と可搬性である。代替供給路の実現においては，資源の動員力や問題解決力，機会主義の脅威の抑制が重要となる点は，拠点レベルの復旧と共通している。

4. 残された課題

本稿の締めくくりとして，サプライチェーン途絶への対応に関してさらなる研究が必要な課題について整理したい。

第1に，経営資源の動員力の発揮のために機会主義の脅威をいかに抑制するのかさらなる研究が必要であろう。過去の事例では，被災した拠点やサプライチェーンの復旧において，企業の枠を超えた柔軟な人員や機材・設備などの動員が観察された。ただしこれは，日本国内における復旧活動において特に顕著にみられた事象である。自動車をはじめとする各種産業のサプライチェーンは，すでにグローバル化が進んでいる。今後海外の重要仕入先において，地震や火災，ハリケーン，ストライキ，テロリズムなどの原因により供給途絶が生じた際に，日本と同様の動員力を発揮して操業を回復することができるかどうか。日本から支援人員を送り込もうとしても，機密保持の観点から被災企業が工場への立ち入りを拒否する可能性もある。あるいは，被災企業の操業停止に乗じて，競合企業が取引を奪おうとする危険性もあり，それを警戒して被災企業が（一時的な）代替生産に非協力的となる可能性もあろう。さらに，供給途絶によって生じた直接的，間接的損害に対する補償問題がこじれ，被災企業の復旧活動自体が停滞したり，経営体力の回復に時間を要したりする可能性もある。今後さらに重要性が高まるグローバルなサプライチェーンの頑健性や復旧力の強化において，いかに機会主義の脅威を抑え，実際に機械主義的な行動が生じたときにどう対処するかは，重要な課題となると考えられる。

第2に，サプライチェーンの頑健性や復旧力を高めるための予防的な投資の必要性をいかに評価するかさらなる研究が必要である。頑健性や復旧力を強化するための投資は，その効果の測定が難しい。頑健性は，災害の発生から操業が影響を受けにくい程度と定義できるが，それはすなわち潜在的なリスクの発生に対して，工場建屋や生産設備などに何も起こらないことを意味する。しかし，何も起こらなかったことの価値を評価することは難しい。そのための投資と効果の因果関係が立証しにくいからである。投資（例えば耐震改修）をした

からこそ被害が防げたのかもしれないし，何も投資をしなくても被害は生じなかったかもしれない。企業が財政的に厳しい状況にあるほど，こうした因果関係を明確に示しにくい案件には，投資を躊躇することが懸念される。

　また，被災からの復旧は，それが膨大な労力を必要とする取り組みであるにもかかわらず，本質的にはマイナスをゼロに戻す活動に過ぎない。復旧できたからといって利益が増えるわけではないために，復旧に携わった人員や外部の協力企業の貢献に対して追加的に配分できる原資が増えるわけではない。復旧活動への貢献をいかに評価し，どのように報いるかは，サプライチェーンのグローバル化が進むほど明示的な方針と具体的な仕組みづくりが求められていくと考えられる。

（注）
1　「トヨタ自動車75年史」https://www.toyota.co.jp/jpn/company/history/75years/text/leaping_forward_as_a_global_corporation/chapter5/section5/item1.html
2　ルネサス那珂工場の復旧過程については，トヨタ好田氏による証言が詳しい（藤本・加藤・岩尾2016）。
3　車載半導体や機能性化学品の事例のように，サプライチェーンの途中で一部のサプライヤーに発注が集中している現象は，「ダイヤモンド構造」ないし「樽型構造」と呼ばれた。これに，後述するサプライチェーンの不可視性が相まって，復旧を遅らせる原因となった。
4　サプライチェーンの途絶リスクに関して，拠点レベルの頑健性に関する経営学的研究はあまり多くない。これは第1に，良好な労使関係の維持，工場のインフラ設備や機械設備の日常的なメンテナンスといった平時における工場マネジメントの役割が大きく，危機対応の文脈であまり議論されてこなかったためと考えられる。第2に，工場建屋の耐震化や生産設備の防振対策は，固有技術に関わる領域であることも経営学的研究が少ない要因となっていると考えられる。
5　「中央日報」2017年8月24日。http://japanese.joins.com/article/652/232652.html
6　東日本大震災では，出荷のために仙台港で一時保管されていたトヨタの完成車1,791台が水没により被災した。
7　西口・ボーデ（1999）p.65

8　トヨタ自動車で長年有事におけるサプライチェーンの復旧に携わってきた星野豪志氏によると「初動対応における半日は，平時の2週間に値する価値がある」。筆者らが2017年10月16日に実施したインタビューによる。

9　西口・ボーデ（1999）p.68

10　「ルネサスエレクトロニクス事業方針」2011年8月2日発表。https://www.renesas.com/ja-jp/media/about/ir/event/presentation/2012_q1_briefing.pdf

11　重複分を名寄せすると，約13,000社，30,000拠点となる（藤本・加藤・岩尾2016）。

12　ルネサス那珂工場の復旧活動においては，当初ルネサスは他社からの応援部隊の受け入れに警戒感を示したとの報告がある（藤本・加藤・岩尾2016）。

【参考文献】

Asanuma, B. (1989) "Manufacturer-supplier relationships in Japan and the concept of relation-specific skill," *Journal of the Japanese and International Economics*, 3, pp.1-30

Chopra, S. and Sodhi, M.S. (2004) "Managing risk to avoid supply-chain break-down," *Sloan Management Review*, 46(1), pp.53-61

Kleindorfer, P.R. and Saad, G.H. (2005) Managing disruption risks in supply chains, *Production and Operations Management*, 14(1), pp.53-68

Tomlin, B. and Wang Y. (2012) Operational strategies for managing supply chain disruption risk, in Kouvelis, P. et al. (eds.) *Handbook of Integrated Risk Management in global supply chains*. John Wilery & Sons, pp.79-101

市嶋洋平（2008）「強い企業のIT戦略 リケン 中越沖地震を教訓にSCM改革 IT・生産・物流分散で事業継続」『日経コンピュータ』（718）（2008年12月1日号），pp.58-62

大野耐一（1978）『トヨタ生産方式：脱規模の経営をめざして』ダイヤモンド社

小野憲司・神田正美・赤倉康寛（2014）「自動車産業サプライチェーンにおける東日本大震災のインパクト分析」『京都大学防災研究所年報』（57）B，pp.21-45

折橋伸哉・目代武史・村山貴俊編著（2013）『東北地方と自動車産業：トヨタ国内第3の拠点をめぐって』創成社

門田安弘（2006）『トヨタ プロダクションシステム：その理論と体系』ダイヤモンド社

久米秀尚（2015）「東日本大震災から4年，地場メーカー，攻めに転じる」『日経Automotive』2015年4月号，pp.14-15

久米秀尚（2016）「熊本地震の影響と復旧状況，トヨタ生産停止，部品空輸で対応」『日経Automotive』2016年6月号，pp.18-19

佐伯靖雄（2007）「新潟・中越沖地震からの復興にみた我が国自動車産業の真の強さ」『ROSSI四季報』（38），p.4

佐伯靖雄（2011a）「車載用半導体の取引システムとその課題：日産・日立の部品供給遅れを事例に」『立命館経営学』49(5)，pp.213-230

佐伯靖雄（2011b）「ものづくり立国日本の再興と現下の課題：東日本大震災の対応に見る自動車産業のSCMとTPSの考察」『立命館経営学』50(2/3)，pp.57-89

佐伯靖雄（2012）「東日本大震災からの復興：自動車産業のJIT納入システムとサプライヤー・システムが直面する課題」立命館大学イノベーション・マネジメント研究センター Discussion Paper Series，No.19

塩見治人（2011）「トヨタショックの重層的構造：コスト・品質・納期・フレキシビリティーの伝説と現実」『名古屋外国語大学現在国際学部 紀要』7，pp.83-118

清水希容子・松原宏（2014）「東日本大震災後の東北製造業の回復と産業立地政策」『E-Journal GEO』9(2)，pp.118-134

清水直茂（2011）「震災で見えた，強さと脆さ」『日経Automotive Technology』2011年7月号，pp.62-69

清水直茂（2012）「震災から1年後の東北自動車産業：『アクア』に沸く地場メーカー，復興のカギはトヨタが握る」『日経Automotive Technology』2012年5月号，pp.18-19

西口敏宏・A.ボーデ（1999）「カオスにおける自己組織化：トヨタ・グループとアイシン精機火災」『組織科学』32(4)，pp.58-72

林達彦（2011）「震災後の自動車産業，七つの課題を乗り越える」『日経Automotive Technology』2011年9月号，pp.40-57

藤本隆宏（2001）『生産マネジメント入門〈1〉生産システム編』日本経済新聞社

藤本隆宏（2004）『日本のもの造り哲学』日本経済新聞出版社

藤本隆宏（2011）「サプライチェーンの競争力と頑健性：東日本大震災の教訓と供給の『バーチャル・デュアル化』」東京大学ものづくり経営研究センター・ディスカッションペーパー，No.354

藤本隆宏（2012）「サプライチェーンの『バーチャル・デュアル化』：頑健性と競争力の両立へ向けて」『組織科学』45(4)，pp.25-35

藤本隆宏・加藤木綿美・岩尾俊兵（2016）「調達トヨタウェイとサプライチェーンマ
　ネジメント強化の取組み：トヨタ自動車調達本部　調達企画・TNGA推進部　好
　田博昭氏　口述記録」東京大学ものづくり経営研究センター・ディスカッション
　ペーパー，No.487
D.E.ホイットニー・J.ルオ・D.A.ヘラー（2013）「サプライチェーンの途絶リスクと
　その復旧パターン：調達の一時的な分散化とその限界」東京大学ものづくり経
　営研究センター・ディスカッションペーパー，No.434
李在鎬（1999a）「リーン生産システムと危機における完成車メーカーの役割：アイ
　シン精機火災への対応に関する事例研究」『経済論叢（京都大学）』163(5/6)，
　pp.130-148
李在鎬（1999b）「リーン生産システムと危機における労働の柔軟性：アイシン精機
　の工場火災への対応の事例研究」『経済論叢』164(2)，pp.45-65

目代武史

第3章
サプライチェーンの途絶と
前代未聞の代替生産
─アイシングループの取り組みの考察─

1. はじめに

　熊本地震では，本田の二輪車のマザー拠点である熊本製作所（大津町）や，九州最大規模の自動車部品メーカーのアイシン九州（熊本市）が甚大な被害を受けた。とりわけアイシン九州の被災は，トヨタのサプライチェーンを途絶させ，トヨタは国内完成車組立ラインの大部分の稼働停止を余儀なくされることとなった。こうした事態を受けて，アイシン九州では，トヨタやアイシングループの全面的な支援を受けながら，九州内外に自社設備と人員を全面的に移管，前代未聞とされる大規模な代替生産を実施することで，途絶したサプライチェーンの早期復旧に取り組んだ。本章では，このアイシン九州の代替生産，そしてその後の自社への生産引き戻しに焦点を当てて，大規模地震のような不測の事態が生じたときに，日本自動車産業のサプライチェーンの復旧力が，いかにして機能・発揮されるかについて具体的に検証・考察する。

2. 地震による被害状況とサプライチェーンへの影響

2-1. アイシン九州の概要

　まず熊本地震発生時のアイシン九州（AIK）の概要からみていこう。AIKは，トヨタ系車体メーカーであるトヨタ自動車九州（福岡県宮若市，トヨタ九州）の操業開始（1992年）を受け，アイシングループのトヨタ九州向けの生産拠点として1993年4月に熊本県城南町（現熊本市南区）に設立された（アイシン精機100％出資）。トヨタ九州宮田工場からは直線距離でも約150キロ

第3章　サプライチェーンの途絶と前代未聞の代替生産　　*55*

図表3-1　AIKとAIKCの概要（熊本地震発生時）

AIK		AIKC	
代表者	高橋寛	代表者	古田裕之
本社所在地	熊本市南区城南町	本社所在地	熊本市南区城南町
設立	1993年4月	設立	2007年8月
資本金	14.9億円	資本金	10億円
売上高	263.9億円（2015年度実績）	売上高	106.6億円（2015年度実績）
従業員数	685名（2016年3月末）	従業員数	363名（2016年3月末）
事業内容	自動車部品製造，液晶半導体装置組立	事業内容	エンジン部品アルミダイキャスト，樹脂成形
敷地面積	224,400m²	敷地面積	左記に同じ
建屋面積	30,393m²（自動車部品工場25,160m²，半導体液晶装置工場5,233m²）	建屋面積	14,400m²

出所：AIK提供資料に基づき筆者作成。

とやや離れていたものの，人材確保の容易性に加えて，熊本県からの熱烈な誘致を受けての進出であった（旧熊本県農業大学校の跡地を購入）。操業当初はドアチェック1品目のみの生産であったが，比較的大型で異形であることから物流コストがかかる車体部品を中心に生産領域を拡張，熊本地震発生時には，ドアチェック，ドアフレーム，サンルーフ，シートアジャスター等36品目を生産，九州トップクラスの生産規模の自動車部品メーカーの一つに成長していた[1]。

　自動車部品の納入先別売上金額は，主力とするトヨタ九州向け（トヨタ紡織九州経由を含む）が85％，日産自動車九州・日産車体九州（福岡県苅田町）向け5％，ダイハツ九州（大分県中津市）向け2％と，九州地区に立地する完成車メーカー向けが大部分を占めていた[2]。ドアチェックについては，売上比では7％にとどまるものの，国内シェアNO.1の月産90万本規模の生産を行い，トヨタ九州向け以外にもアイシン精機経由でトヨタの国内車両組立ラインのほとんど全てに供給されていた[3]。

　またトヨタ九州のエンジン工場（苅田工場）の稼働開始（2005年）に伴い，2007年にはAIKの100％出資の子会社として，同一敷地内にアイシン九州キャ

スティング（AIKC）を設立，トヨタ九州向けに，タイミングチェーンカバーやシリンダヘッドカバー等エンジン部品のアルミダイキャストから加工・組み立ての一貫生産を行ってきた。なお，これらの自動車部品以外の事業として，1990年代末以降，東京エレクトロン九州（熊本県合志町）等向けに半導体・液晶製造装置（各種ユニット）の組み立て加工も手掛けていた[4]。

2-2. 地震による被害の状況

　熊本地震では，震度7クラスの地震が4月14日夜半の前震と，4月16日未明の本震の2回発生した。4月14日の前震発生時には，AIK，AIKCとも稼働中で延べ325人が工場勤務していた。地震に伴う人的被害はなかったものの，建屋・生産設備が被災し，前震発生直後から生産停止を余儀なくされた[5]。

　AIK並びにAIKCの熊本地震による建屋・生産設備等の被災状況を見る。AIKCについては，工場建屋が2008年竣工と比較的新しいこともあって，内壁の崩落が一部にあったものの，構造上は大きな問題なく比較的損傷は軽微であった。屋上に設置していた配電用トランス12台のうち8台が損傷し工場内の電源を喪失したものの，加工エリアで一部設備のズレが生じた程度で，溶解炉や保持炉を含め主要生産設備に大きな損傷もなかった。

　一方でAIKの被害は甚大であった。旧熊本県農業大学校の校舎を引き継いだ半導体・液晶装置工場に大きな被害はなかったものの，1993年竣工以降，事業拡大に伴い数次にわたって増築を重ねてきた自動車部品工場は，建屋を支える96本の柱脚のうち88本が損傷，床面も増築箇所の継ぎ目を中心に段差が生じ，内壁の崩落個所も多数に及んだ。また天井の電気配線やエアー，水の配管の多くが落下・損傷した。屋上配置の配電用トランスも8台中4台が損傷し，AIKC同様に電源喪失を余儀なくされた。金型を保管していた自動金型ラックからは金型が落下，型ラック，金型が破損したうえ，一部の金型は工場の壁を突き破り屋外に飛び出した。生産設備への被害も深刻であった。特に主要設備である大型プレス機の損傷が大きかった。本震によって，500トンプレスに天井クレーンが落下，プレス機本体を押し潰した。1200トンプレスは防振装置

第3章　サプライチェーンの途絶と前代未聞の代替生産　57

図表3-2　AIKの売上高と従業員数の推移

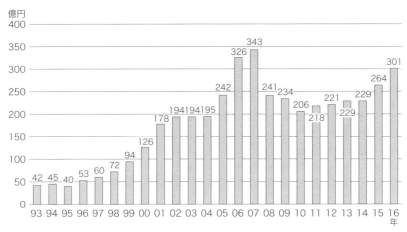

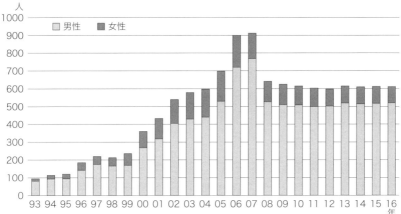

出所：AIKホームページ（2017年8月16日最終閲覧）

が破損し本体が傾倒するという大きな被害を受けた。アイシン精機の2017年3月期連結決算によれば，これらのAIK及びAIKCの建屋・生産設備の復旧費用，後述するAIKの代替生産に伴う設備移設費用，人件費，物流費用の増加等を含んで，今般の熊本地震に伴うアイシングループの被害総額として103億円が計上されている。

図表3-3　クレーンに押し潰された500トンプレスと損傷した自動金型ラック

出所：AIK提供資料

2-3. 地震発生直後の初動態勢と生産復旧に向けた基本方針の決定

　AIKとAIKCの被害状況を踏まえて，本震が発生した4月16日中には，AIKCは現地で早期の生産復旧を目指し，AIKについては復旧に相当の時間を要するため，AIKでの生産継続を当面断念し，他拠点での代替生産を行いながら生産復旧を目指すという基本方針が打ち立てられることになる。これらの基本方針は，AIKとAIKCのある熊本とアイシン精機本社のある愛知県刈谷市の2か所におかれた対策本部（以下各々，現地対策本部，本社対策本部という）において決定された。ここでは地震発生直後から基本方針決定に至る関係者（企業）の初動プロセスを見ていく。

　アイシン精機が4月14日夜半の前震発生を受け，熊本地震に伴う本社対策本部（本部長：岡部均副社長）を設置，第1回対策会議を開催したのは，15日午前1時半であった。そこでは①人命・安全，②地域への貢献，③生産の復旧の優先順位が確認され，設備，保全，プラントエンジニアリング，生産管理，調達，人事等の担当者12名で編成した復旧支援隊を第一陣として現地派遣することが決定された。復旧支援隊は15日早朝には出発し，即日現地入りした。次いで第二陣として，現地対策本部のサポート要員として2名の常務役

員を15日に派遣するとともに，水や食料などの緊急物資の輸送を開始した。
AIKとAIKCでは前震を受けて即時操業停止，工場構内を立ち入り禁止とする
一方で，本社対策本部と連絡を取りつつ，4月15日朝には高橋寛AIK社長を
本部長とする現地対策本部を正式に立ち上げ，本社対策本部とテレビ電話回線
で結んで対応にあたることとなった。

　時を同じくして，取引先であるトヨタとトヨタ九州においても，熊本地震の
発生を受けた対応が進められた。トヨタでは4月15日に本社内に熊本地震対
策本部を設営するとともに，アイシンの本社対策本部と現地対策本部への人材
派遣を決定，16日には調達，生産技術，プラントエンジニア等からなるトヨ
タの支援チームが現地対策本部に加わった。トヨタからの派遣者の多くは，先
の東日本大震災や新潟中越沖地震で被災したサプライヤーの支援にあたった経
験者であり，直前に発生した愛知製鋼の知多工場爆発事故[6]に伴う生産復旧支
援にも取り組む等，災害対応経験の豊富な人材であった。彼らは，その経験も
生かして，現地対策本部の運営・判断にも深く関与していくことになった[7]。
このトヨタの支援チームの活動については，第5章で考察する。トヨタ九州も
4月15日夕方には先遣隊を派遣して情報収集にあたるとともに，19日には地
域支援と生産計画・体制づくりを行うために，トヨタ九州独自の対策本部を設
置している。

　なおトヨタとトヨタ九州は，AIKに対する支援と合わせて，被害実態を把
握するため，両社合同で熊本地域周辺のサプライヤー（1次サプライヤー11
社，2次サプライヤー60社）を訪問，要支援先の絞りこみも進めた（4月16
日〜20日）。この結果を踏まえて，AIK以外にも生産復旧支援が必要と判断し
たサプライヤーに対しては，設備保全要員からなる仕入先復旧チームを派遣し
ている（3チーム9名体制，4月21日〜25日）。

　さて現地対策本部がまず取り組んだのは，従業員の安否確認とともに，建屋
や生産設備の被害状況の確認であった。4月14日の前震の時点では，AIKCの
アルミ溶湯炉，保持炉用の代替電源（熱源）の確保が喫緊の課題と認識されて
いたが，16日の本震によってAIKの建屋，設備が大きな被害を被った。本震

後の4月16日朝から，アイシン精機，トヨタからの派遣者を加えて，安全状況を確認しながら，入構制限していた工場内の現状確認が進められた。その結果，現地対策本部では「AIKでの生産継続は難しく，型や設備を引き出して，外で代替生産するしかない」と判断，本社対策本部に伝えられた。本社対策本部ではこの提案を受け入れることを即決し，これ以降，代替生産に向けた取り組みが進められていくこととなった[8]。

　なお，さまざまな人材と情報が飛び交う対策本部，現地対策本部の運営において重要視されたのが，取引先等も加えた「大部屋化」による情報共有・一元化の徹底であった。第5章で詳述するとおり，トヨタからの支援チームの助言を受けて，現地対策本部がまず取り組んだのは，建物・生産設備の被害調査とともに，現地対策本部用のプレハブ建物の手配・設置であった。一日で組み立てられた大部屋では，すべての情報と作業進捗についてボード等を用いて「見える化」，関係者が自分の担当以外の取り組みについても確認できる状態とした[9]。これによって仕事重複や無用の混乱を避けることができ，復旧に向けた作業効率を上げることができたという。愛知側に設営された本社対策本部も，アイシン精機本社の一角に同様の大部屋形態で設営された。

2-4. サプライチェーンへの影響

　図表3-4は，トヨタが2017年4月17日時点で発表した，熊本地震の影響により稼働停止となる国内車両組立ライン名と対象期間の一覧である。AIKとAIKCが車体部品やエンジン部品を供給していたトヨタ九州だけでなく，愛知県のトヨタの主力工場である高岡，堤，田原，元町工場をはじめとして，関連メーカーのトヨタ車体，トヨタ自動車東日本，豊田自動織機，岐阜車体，日野自動車，ダイハツ工業にも影響が及び，地理的にも九州から東北の広域にわたって完成車組立ラインが稼働停止を余儀なくされることになった。

　これは前述のとおり，AIKの生産するドアチェックが，アイシン精機を経由してトヨタ系の車両組立ラインに供給されていたためである。各ラインは手持ち在庫がなくなった時点で稼働停止を余儀なくされることになった。稼働停

第3章　サプライチェーンの途絶と前代未聞の代替生産　*61*

図表3-4　稼働停止ラインと対象期間（4月17日時点）

稼働停止期間	トヨタ	系列車体メーカー等
4月18日1直〜4月23日	―	トヨタ九州（宮田第1，第2）
4月19日1直〜4月23日	高岡（第1，第2），堤（第1，第2），田原（第1），元町（LFA工房）	トヨタ車体（いなべ第1，第2，富士松第1，吉原第1，第2），トヨタ自動車東日本（東富士），豊田自動織機（301,302）
4月19日2直〜4月23日	―	トヨタ車体（富士松第2），岐阜車体，日野自動車（羽村第1）
4月20日1直〜4月23日	元町（第1），田原（第3）	日野自動車（羽村第2），ダイハツ工業（京都）
4月22日1直〜4月23日	―	トヨタ自動車東日本（岩手第1，宮城大衡）

出所：トヨタプレスリリース4月17日付。

図表3-5　組立ラインの再開時期

稼働再開時期	トヨタ	系列車体メーカー等
4月25日1直〜	堤（第1，第2）	豊田自動織機（302），トヨタ自動車東日本（東富士，岩手第2）
4月26日1直〜	高岡（第2），田原（第3）	トヨタ自動車東日本（岩手第1，宮城大衡）
4月27日1直	―	トヨタ車体（富士松第2），ダイハツ工業（京都）
4月28日1直〜	高岡（第1），田原（第1）	トヨタ車体（富士松第1，吉原第1，第2），豊田自動織機（301），日野自動車（羽村第2）
5月6日1直〜	元町（第1，LFA工房）	トヨタ九州（宮田第1，第2），トヨタ車体（いなべ第1，第2），岐阜車体，日野自動車（羽村第1）

（注）4月29日〜5月5日は休日扱いである。
出所：トヨタプレスリリース4月20日付，4月27日付を参考に筆者作成。

止した各組立ラインは，サプライチェーンの復旧状況を踏まえながら生産を再開していったが，最終的に系列車体メーカーを含めて，全組立ラインが生産を再開したのは5月6日からとなり（図表3-5），熊本地震の影響によるトヨタの減産台数は「8万台程度（トヨタ広報部）」に及んだ[10]。

一方で，トヨタ九州と同様に，九州に自動車組立工場を展開しながらも，日産グループの日産自動車九州・日産車体九州（福岡県苅田町）を見ると，地震発生直後は操業を停止したものの，4月18日には生産を再開している。主要なサプライヤーが福岡県内を中心に工場の50キロ圏内に集積しており，サプライヤーの被害が比較的少なかったためとみられる。ダイハツ九州（大分県中津市）は，4月18日から22日までの操業停止を余儀なくされている。

3. 代替生産によるサプライチェーン復旧に向けた取り組み

3-1. 代替生産の概要

　本社対策本部では代替生産を決断して以降，現地対策本部，トヨタ，関連サプライヤー等の協力も得ながら，代替生産に向けた「場所さがし」と代替生産品目の「はめこみ」が開始されることになった。とりわけ最優先課題として取り組みが進められたのが，トヨタの国内生産のボトルネックとなったドアチェックであった。4月17日には代替生産先として，AIKから8キロの近隣に立地する中央製作所熊本工場（熊本市南区）を決定している。

　中央製作所（本社：愛知県安城市）は，AIKのサプライヤーとして2014年に熊本進出してきた。熊本工場ではAIKから液晶製造装置の組立を2016年秋口以降に受注予定で，これに備えて工場に2,000m²程度の空きスペースを有していた。中央製作所の協力を得た現地対策本部では，AIKの設備レイアウト図と中央製作所の平面図を同じ縮尺に揃えて，突き合わせ，切り貼りしながら，ものの流れ，作業の効率等のシミュレーションを行い，AIKからの設備移設，代替生産に向けた準備を急ピッチで進めた。設備搬出・搬入は，代替生産方針決定直後の4月17日から開始，並行してAIKが内製していたプレス部品の代替調達先も確保し，これらの新たな調達先への金型の搬出，補修，設備取り付け等も行われた。この結果，ドアチェックの生産は，代替生産先である中央製作所でAIKの従業員の手によって4月23日に再開，24日からは出荷開始，トヨタへの供給も再開されることとなった。

第3章　サプライチェーンの途絶と前代未聞の代替生産　　*63*

図表3-6　代替生産先と品目の概要

代替先	代替品目	AIKからの出向者数	移設設備等
九州地区 代替生産先　7か所 物流拠点　　5か所	37ライン，184品番 ドアチェック，マニュアルシート，ノーマルサンルーフ，ルーフレール，センターピラー等	生産要員として167名が出向	79設備， 214金型を移設
愛知県内 代替生産先　7か所 物流拠点　　1か所	46ライン，262品番 パワー・マニュアルシート，ノーマル・パノラミックサンルーフ，パワードアスライドドア，ドアフレーム，ドアロック等	生産要員として178名が出向	143設備， 113金型を移設

出所：AIK提供資料に基づき筆者作成。

　ドアチェックの代替生産を開始した中央製作所を含めて，最終的にAIKが自社の生産設備を移設，生産要員を出向派遣して代替生産を行った先は，九州地区7か所（中央製作所熊本工場，トヨタ九州小倉工場，トヨタ紡織九州，ヨロズ大分，田村大牟田工場，平和自動車工業，カリツー九州宮田物流センター），三河地区を中心とする愛知県内7か所（日進工業，アイシン辰栄和泉工場，同港南工場，シロキ工業名古屋工場，アイシン精機新川工場，新豊工場，衣浦工場）である。

　代替生産先での生産品目は，九州地区で37ライン分184品番，愛知県内で46ライン分262品番，総計83ライン446品番にものぼった（図表3-6）。これらの代替生産のためにAIKからは九州地区の代替生産先に79設備，214型が移設され，愛知県内にも143設備，113型が移設された。設備や型の搬出，移設は4月18日から進められ，代替生産先での工程整備，トライ，品質・出来高確認を経て，順次生産を開始していった。パワースライドドアについては4月26日から，シート部品は4月29日から，サンルーフやドアフレームは5月2日から代替生産を開始している。この結果，5月6日の連休明けの時点では，取引先各社に対して通常納入を行える体制を構築した。これを受けて，トヨタ九州をはじめとする系列メーカーを含め，トヨタグループの全ての国内完成車組立ラインが通常稼働に復帰することとなった[11]。

なお，AIKが代替生産に向けた取り組みを進める一方で，比較的被害が少なかったAIKCでは，自社内で生産復旧作業が進められた。最優先とされたのが喪失した保持炉や溶解炉の電源の回復であった。緊急手配された発電機によって，アルミ溶湯の凝固が懸念された保持炉の加熱が再開されたのは4月17日であった。その後，仮設の変電設備も設置され，昼夜体制での復旧作業によって，4月26日には一直生産を再開，トヨタ九州の稼働開始（5月6日）をにらんで，5月3日には被災後初の出荷を開始した。被災直後のこれらのAIKの代替生産，AIKCの生産復旧に向けた初動対応は，両社の従業員400名余りに加えて，アイシングループから約350名，トヨタをはじめとして得意先，調達先等から約250名の最大1,000名体制で行われた。

3-2. 代替生産における課題と対応

(1) 代替生産先の決定

一見すると短期間で比較的順調に進んだように見える代替生産の取り組みであるが，その過程においては多くの課題に直面した。ドアチェックについては，事前に空きスペースの情報を把握していた中央製作所での代替生産を早期に決定できたものの，残る代替生産先の確保は苦労している。負担を配慮し従業員を遠隔地に出向派遣することを避けるために，AIKの「できるだけ九州で代替生産を行いたい」という意向もあり，まず九州での代替生産の受け入れ可能な「場所探し」が行われた。トヨタの支援もあって，トヨタグループのサプライヤーが受入先の大半となったが，日産系を主力とするヨロズ大分もシート部品の代替生産先となっている[12]。

あわせて九州で対応できないものについては，アイシン精機が愛知県で展開するグループの生産拠点で全面的に受け入れるとして「場所探し」を始めたものの，適当な遊休スペースがなく，本社対策本部では各拠点で稼働する全てのラインを洗い出し，「設備を寄せてどれだけ場所を作るか」を検討，何とか受け入れスペースをねん出していった。例えばAIKのマザー工場にも位置づけられているアイシン精機新豊工場では，ドアフレーム，パワースライドドア・

パワーバックドア，シート部品の代替生産を行った。建設後50年を経た新豊工場にはライン増設余地はないと見られてきたが，既存の設備レイアウトを見直すとともに，治具の工夫・活用により既存の自社設備を一部提供することで，何とかAIK支援ラインのスペースを「ひねり出し」，AIKから124名の従業員と移設設備を受け入れて代替生産を行った。AIKの生産ラインがそのまま持ち込めたわけではない。AIKで「コの字」形状であったドアフレームのラインは，工場内スペースを考慮して「直線」でのライン構成を余儀なくされた。そのほか大幅に生産量が上がったライン負荷を調整するため，コンベアスピードの調整も行われた。生産にあたって不可欠な金型はAIKから送られてきたものの，すべて新豊工場で使用できるかどうかをチェックし，補修が必要なものについては手配を行った。新豊工場は天井も低く，設備設置にも苦労したという[13]。こうした対応は，アイシングループ以外の受け入れ先でも行われた。こうした積み重ねによって，受入側の通常稼働を維持しながら，何とか代替生産が可能になった。

(2) 金型と生産設備移設

　AIK工場から生産設備と金型を搬出するうえで困難だったのが，被災した自動金型ラックからの金型からの取り出しであった。専門業者の手を借りて，ラックを上部から解体しながらの取り出すことを余儀なくされた。倒壊をさけるためにラック部材を固縛し，安定させるために何度も吊り直しながら，金型は慎重に一つひとつ取り出された。取り出された金型の多くは，標準部品であるガイドポスト等の破損にとどまったものが多く，使用不能となったものは最小限（数％）にとどまった。

　傾倒した1,200トンプレスに残されたダイハツ向けのボデー部品の金型については，取り出しに長期を要するとして，応急措置として試作型で生産を立ち上げたうえで，量産用に新たに金型を製造して生産を再開することになった[14]。試作型の製造は，金型図面，金型データが揃った4月24日から設計を開始，幾度のトライ，修正を経て，5月5日夜半に完成させ，何とか当初予定の5月6

日からの生産開始に間に合わせるという突貫態勢であった。これによって
AIKは全ての取引先に向け代替生産による製品納入を開始することが可能に
なった。

　なお代替生産が早期に可能になった背景として，トヨタの全面支援とアイシ
ングループ内での金型・治具仕様の標準化が指摘できる。被災工場からの設備
や金型の搬出には，作業者にも状況ごとの判断が求められ，経験に裏付けられ
た高いスキルが不可欠である。AIKからの設備搬出にあたっては，トヨタか
らの派遣者を実質的な責任者として，栄豊会[15]加盟企業を中心に作業チームが
編成されることで，安全かつ早期の作業が可能になった[16]。加えて，グループ
内で治具類や金型に関する仕様が統一されていたことにより，代替生産先でも
一部については設備の共用ができ，破損したAIKの治具類を代替先の治具類
で代用することも可能であった。また金型の補修等においても，設計・加工
データを共有していたことが，生産立ち上げの時間短縮に極めて有益であった
という。

(3) 被災した従業員の出向派遣と復活宣言

　AIKの従業員を代替生産先に出向派遣することも容易ではなかった。出向
にあたっては，家族・被災状況を踏まえ本人の意思を最優先としたが，全従業
員の過半が自宅の一部損壊以上の被害を受ける中で，被災した従業員の多くが
熊本を離れて代替生産先への出向を受け入れた。ここで重要であったのが，
2017年4月22日にAIKとAIKCの従業員を集めて行われた「決起集会」の開
催であった。前日の本社対策本部と現地対策本部とのテレビ会議で，アイシン
精機伊原保守社長から「アイシン九州に生産を戻す」という基本方針が明らか
にされ，これを受けて高橋寛AIK社長は「8月をめどに」「もう一度熊本で生
産する，必ずこの地に戻る」と従業員に宣言したのである。

　アイシン精機伊原保守社長，高橋寛AIK社長へのインタビューでも，この
時点では，本社対策本部にも，現地対策本部においても，「九州に生産を戻せ
る」という確証をもっているものはいなかった。とりわけ現地において，AIK

の深刻な被害状況を眼前にしていた高橋寛氏は宣言を躊躇するところもあったものの，地域，従業員のために「九州に生産を戻さなければいけない」という意思は，本社対策本部，現地対策本部とも共有しており，最終的にはアイシン精機伊原保守社長の決断で，復活に向けた宣言（「復活宣言」）が行われることになった[17]。強い信念とリーダーシップに基づいた「復活宣言」によって，AIKでは出向を命じる従業員に対して，派遣期限の目途を示すことが可能となり，従業員の出向に対する理解が急速に進むこととなった。グループ内とはいえ，企業間，かつ地域をまたがる労働力の移転はこれにより可能になったと言っても過言ではない。AIKからの出向派遣者に対しても手厚い配慮がなされた。出向者を受け入れた愛知県内のアイシングループの各拠点では，出向者への支援を行う職場メンターが任命され，24時間体制で出向者からの相談対応にあたった。出向者にはグループの社有車も貸与提供された。そのほかの代替生産先においても，AIKの出向者が休暇を取得して被災した自宅等の整理に戻れるように，受け入れ先の従業員がシフト応援を行うなど，さまざまな支援が行われた。

　この結果，出向派遣されたAIKの従業員のモチベーションも高かった。例えば，中央製作所のドアチェックの生産ラインでは，ライン改善によって，地震前に比べて時間当たりの生産数量を10％程度向上させている。アイシン新豊工場等に移設した生産ラインでも，チョコ停対策の強化によって，生産性を向上させたものが少なくなかった。これらはAIKへの生産引き戻し後も有効に機能しており，その競争力の向上に寄与するものとなっている[18]。

(4) 生産管理と調達情報の一元化

　東日本大震災によりサプライチェーンが途絶したことを契機に，トヨタグループではサプライチェーンの可視化を目指して，直接取引する1次サプライヤーの調達先である2次サプライヤー情報，さらに2次サプライヤーの調達先である3次サプライヤー情報といったように，部品品番ごとに源流に遡って全体像を把握するためのシステム構築に取り組んできた。

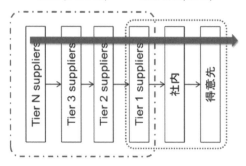

図表3-7　生産管理と調達情報の一元管理

出所：アイシン精機でのインタビューに基づき筆者作成。

　アイシン精機でも，部品品番単位で社内の生産管理情報と調達先のサプライチェーンを管理できるデータシステムを構築している[19]。これにより非常時にも品番単位での生産継続可否を判断することが可能となっている。熊本地震でもこのシステムが活用され，代替が必要な調達先の検討，必要リードタイムの見直しや，積み増しが必要となる在庫量が試算された。しかしながら，AIKが自社手配していた詳細な部品情報について，当該システムで一部に共有化されていないものがあり，AIKのサーバーダウンによって必要情報の収集に時間を要するものもあった。もっともAIKのサプライヤーに関しては，深刻な被災企業が少なく，結果的にサプライチェーンへの致命的なダメージはなかった。

　なお，代替生産先でも熊本経由で継続調達することを原則としたため，大半のサプライヤーにとっては実質的には納入先がAIKから代替生産先（熊本経由）に変更されることになったのにとどまった[20]。

(5) 中継地導入による物流網の整備

　生産設備移設や出向者の派遣による代替生産の目途がついた後，最大の問題となったのが，代替生産先と九州各地と愛知県に点在することになる仕入先や

第3章 サプライチェーンの途絶と前代未聞の代替生産　69

図表3-8 中継地導入後の物流動線

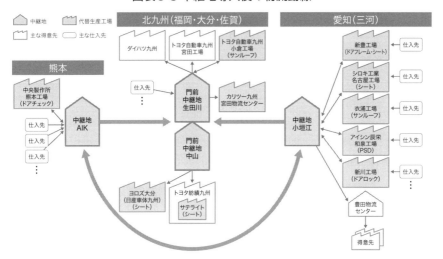

出所：アイシン50委員会・G50委員会編（2017）p.310

　納入先を結ぶ物流網であった。熊本地震以前は、AIKからの直接納入先はトヨタ九州宮田工場（トラック一日当たり20便）、トヨタ紡織九州（同10便）、日産自動車九州（同1便）の九州内が中心で、アイシン精機向けには、JRを利用して愛知県に一日12フィートコンテナ20本を送るというシンプルなものであった。このシンプルな物流動線が代替生産によって崩壊することになり、納入先のJIT生産を維持するためにも、その整備が喫緊の課題となった。

　詳細は第4章で考察されるが、AIKやドアチェックの代替生産先である熊本地区と納入先であるトヨタ九州や日産九州のある北九州地区は約150キロ、同じく北九州地区とアイシングループの代替生産先のある愛知県三河地区は約750キロ弱、熊本地区と愛知県三河地区は約900キロ弱。物流動線が遠隔地からの納入で大幅に伸び、かつ複雑化する中で、JITを支える多頻度・混載納入を求める納入先ニーズを支えるために導入されたのが、物流中継地の設置であった。熊本地区、北九州地区、愛知県三河地区に各々中継地を設置することで、遠距離輸送便の積載効率を向上させ、トヨタ九州とトヨタ紡織九州の門前

に中継地を置くことで，納入先ニーズにも柔軟に対応することが可能になった。この中継地の設置は，トヨタ九州の操業が再開された5月6日以降には運用が開始され，運用前に比べて，遠距離トラック積載率は約60％から85％に向上，納入遅れによる得意先のライン停止をなくすことに寄与するものとなった。地域をまたがった大規模な今回の代替生産の実施に当たっては，錯綜した物流網の整備が不可欠であったと言える。

4. 生産復旧に向けた取り組みと教訓

4-1. 進められた生産の引き戻し

　アイシングループにとってのサプライチェーンの復旧は，AIK製品の代替生産開始，AIKCの生産復旧で終わったわけではない。代替生産が進められる傍らで，「復活宣言」で示されたAIKでの8月の生産再開に向けて，建屋や付帯設備の復旧工事も急ピッチで取り組まれた。損傷した建屋や床の補修に加えて，各種の耐震工事が行われた。吊りものである配線・配管の落下を防ぐため，振れ止めと外れ止めによる補強・固定が徹底された。これらは東海地震・南海トラフ沖地震を想定してきたアイシン精機の三河地区の生産拠点では標準とされていたものである。新規製作したクレーンについても，落下防止のためにブラケットが取り付けられた。転倒・損傷した受変電設備には転倒防止措置が強化された。破損した1,200トンプレスや自動金型ラックについても，耐震対策として防振装置の強度アップやパレットのすれ防止等が行われた。これらの建物や付帯設備の復旧工事は，「復活宣言」で示された8月の生産再開に向けて，8月前半にはおおむね完了した。

　AIKの建屋や付帯設備の復旧工事の進捗にあわせて，代替生産先へ移設した生産設備・ラインの引き戻しとともに，出向派遣していた従業員の復帰も順次進められることになった（図表3-9）。7月に入ると，サプライヤーへの影響が大きかったパワースライドドアの生産ラインを，アイシン精機新豊工場とアイシン辰栄和泉工場から引き戻し，復帰した従業員によって生産が再開され

第3章　サプライチェーンの途絶と前代未聞の代替生産　　71

図表3-9　代替生産先からの従業員の復帰状況

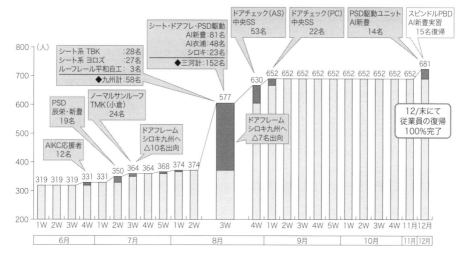

出所：AIK提供資料

　た。7月中旬にはトヨタ九州小倉工場からノーマルサンルーフの生産設備を引き戻して生産を再開した。こうした代替生産先からの引き戻しは，トヨタをはじめ得意先各社の夏季長期休暇（8月8日〜21日）を利用して一気に進められた。

　この期間中には，愛知県や九州各地の代替生産先から210名の従業員がAIKに復帰した。この結果，夏季長期休暇明け（8月22日時点）における代替生産は，中央製作所熊本工場におけるドアチェック，アイシン精機新豊工場におけるパワーバックドア駆動ユニット等，数品目まで減少した。これを受けて，修復されたAIK工場では，従業員，関係者等約350名を前にして，高橋寛AIK社長によって「アイシン九州生産復旧」が宣言された。

　なお，中央製作所熊本工場に残されたドアチェックは，AIK工場内の設備レイアウトの関係から引き戻しが遅れたが，9月中旬にはAIKへの引き戻しが完了している。また新規製品であったため，従業員の習熟もかねて最後までアイシン精機新豊工場に残った駆動ユニットラインも2016年12月末にはAIKへ

72

の引き戻しが完了した。これによりAIKの全生産ラインの引き戻しが100%完了，出向者も全員復帰し，熊本地震の被災によって途絶を余儀なくされたサプライチェーンが完全復旧することとなった。

4-2. 熊本地震からの教訓

　ここまで見てきたとおり，アイシングループは数多くの困難を克服しながら，熊本地震で途絶されたサプライチェーンをつなぐための暫定的な代替生産を経て，AIKの生産復旧に取り組んできた。図表3-10は熊本地震発生（前震：4月14日，本震：4月16日）からAIK「生産復旧宣言」までの道のりを，あらためて振りかえったものである。九州内7か所，愛知県内7か所に，総勢345名の従業員を出向派遣し，自社設備を移設しての「前代未聞」の代替生産は4か月の長期間に及んだ。

図表3-10　熊本地震発生以降のAIKとAIKCの生産復旧の主な道のり

	AIK	AIKC
4月14日	操業停止	
4月15日	現地対策本部設置	
4月16日	代替生産準備開始	
4月22日	決起集会，AIK「復活宣言」	
4月23日	九州での代替生産開始（ドアチェック）	
4月26日		生産再開
5月1日	愛知県内での代替生産開始	
5月3日		出荷再開
5月6日	出荷再開	
7月17日	ノーマルサンルーフ設備引き戻し	
7月21日	同上生産開始。以降順次生産引き戻し	
8月22日	生産復旧宣言	

出所：インタビュー結果に基づき筆者作成。

　今回の熊本地震での経験を踏まえて，現在，AIKでは熊本地震と同一状況に陥った場合でも「安全第一で，かつ得意先の稼働をとめない工場」を目指すための取り組みが進められている。具体的にはまず初動態勢の整備として，一

括送信，個別返信，自動集計機能をもった従業員の安否確認システムの導入，防災装備の必要数の見直しと計画的な備蓄を進めるとともに，生産，人事，調達，設備等の分野別の緊急事態マニュアルの作成・整備を進めている。そのうえでBCP（事業継続計画）のレベルアップに向けて，①ハードの減災対策，②IT環境，情報データ保管体制の見直し，③取引先への納入継続に向けた取り組みを進めている。①については，建屋設備等のハード面について，今回の一連の修復工事において耐震対応を進めている。②については，今回の地震では電源喪失によりサーバーや有線の通信インフラの復旧に時間を要したことから，通信インフラの無線化対応や，データ保管体制の見直しが進められている。③については，必要在庫水準を5日分に見直すことで，被災等で一時的に生産停止を余儀なくされても，得意先への納入継続を可能にする体制としている。また生産復旧を容易にするために，生産ラインの設備詳細情報のデータベース化とともに，設備間の互換性調査も進めている。AIKの経験に基づくこうした取り組みは，企業規模を問わず，自動車産業のサプライチェーンを支えるサプライヤーにとっても参考になるものであろう。

5. 考察

　日本自動車産業がサプライチェーンの途絶に見舞われたのは，熊本地震が初めてではない。東日本大震災に伴い，自動車産業のサプライチェーンが長期間にわたって途絶を余儀なくされたことは記憶に新しいところである。第2章では，これまで発生した主なサプライチェーンの途絶事例から，アイシン精機刈谷工場火災事故，新潟中越沖地震で被災したリケン柏崎工場の事例，東日本大震災の事例を取り上げ，これらを分析した先行研究をレビューした。第2章でも紹介したように，このうち藤本（2011，2012）は，東日本大震災により長期間途絶されたサプライチェーンを分析，その特徴として，①高機能自動車の電子制御の複雑化，②サプライチェーンのグローバル化，③グローバル競争の激化の3点をあげている。そのうえでグローバル競争時代の広域大災害に対す

るサプライチェーン強化策は，競争力と頑健性の両立が必要であり，徒に在庫や標準部品の採用を増加させたりするのではなく，また生産ラインの常時複線化でもなく，「バーチャル・デュアル化」を目指すべきであると主張している。

　具体的には，サプライチェーンの頑健性を確保するために，まずサプライチェーンの弱い輪を特定することが必要であり，その評価軸として①特定サプライヤーへの依存度，②サプライチェーンの可視性，③設計情報の代替可能性，④設計情報の可搬性の4つを提唱する[21]。次に大災害時の復旧目標期間として2～3週間程度を示す。この程度の生産停止であれば，通常は，半年間の残業や休日出勤で，年間生産量を挽回できることが根拠とされている。そのうえでグローバル競争に勝つためには，追加でのコスト増が避けられない生産ラインや設備やサプライヤーを常時複数（デュアル）でもつ対策ではなく，「バーチャル（事実上の）・デュアル化」が有効であると結論付けている。クリティカルな設計情報の「可視性」や「可搬性」がある程度確保できれば，まず被災ラインを迅速復旧させ，それが無理なら別ラインに設計情報を「緊急避難」させ，同一設計情報の製品の代替供給を行うことで供給責任を果たせる。これがサプライチェーンの「バーチャル・デュアル化」である。この藤本隆宏氏の示した分析枠組みは，われわれが今回の熊本地震におけるサプライチェーンの途絶，そしてアイシングループの被災からの取り組みを考察するうえでも有用である。以下ではこの分析枠組みを踏まえながら，考察を深めていくことにしたい。

　熊本地震によるトヨタのサプライチェーンの途絶は，AIKの被災を要因とするものであった。トヨタ九州はAIKから車体部品やエンジン部品の多くを調達しており，これらの部品の調達難から，10日間の操業停止を余儀なくされた。東海地方や東北地方に立地するトヨタやその系列車体メーカーも，ドアチェックのほぼ全てをAIK製品（アイシン精機経由）に依存していたことから，国内組立ラインの多くをおおむね5日間操業停止することを余儀なくされた。東日本大震災と比較すると，熊本地域という比較的狭いエリアでの地震であったにもかかわらず，その影響はサプライチェーンの途絶により極めて広範

囲に及んだ。

第2章でも見たとおり，特定企業の被災がボトルネックとなりサプライチェーンが途絶するのは，アイシン刈谷工場火災事故，中越沖地震によるリケン柏崎工場の被災時と同様である。東日本大震災においても，車載用半導体メーカーとして国内最大手であったルネサスエレクトロニクスの被災によって，同社からマイコンを調達していたサプライヤーが部品調達できなかったことが，サプライチェーンの途絶を連鎖的に深刻にしていった側面がある。これらはいずれもサプライチェーンにおける「弱い輪」であったといえる。

藤本（2012）で示された，「弱い輪」を見極めるための4つの評価基準（①特定サプライヤーへの依存度，②サプライチェーンの可視性，③代替可能性，④可搬性）に従って，トヨタ系各社に影響を及ぼしたAIKのドアチェックについてみよう。①については，トヨタの国内車両組立ラインにほぼ独占的に供給されており，極めて高いものであった。②については，アイシングループ内でも部品品番単位で社内の生産管理情報と調達先のサプライチェーンを管理できるデータシステムが構築されており，一定の可視性は担保されていた。③については，ドアチェックは，原則として，車種ごと，さらに同一車種でも前後左右でも形状が異なるカスタム設計品である。生産技術的にはいわば「枯れた部品」ではあるが，AIKでは多品種にわたる製品を変動する需要に応じて柔軟かつ低コストで生産する体制を構築することで高い競争力を実現，国内生産をほぼ独占していた。アイシン精機では，代替生産の取り組みと合わせて，タイ，メキシコ，中国，インドネシアのアイシングループの生産拠点からドアチェックの輸入代替を実施したものの，対応できたのは一部にとどまった[22]。標準化が進んでいないという点で，代替可能性は低かったといえる。④については，ドアチェックの生産は「根の生えた設備」によるものではなかったことから，今回の代替生産が可能になったといえ，物理的にも可搬性は高かったといえる[23]。

サプライチェーン上の「弱い輪」という視点で見ると，①と③によって脆弱性を抱えていたことが途絶を招いた一方で，②と④はその脆弱性を補完する方

向に寄与したと考えられる。この点は，例えば東日本大震災では，①，②，③，④の4つ要素全てがサプライチェーンの脆弱性を高める方向で作用し，とりわけルネサスエレクトロニクスの事例を見ると，②可視性と，④可搬性が低かったことが，今回の熊本地震での事例との大きな違いとして指摘できる[24]。

　同じ「弱い輪」の中でのこうした違いが，途絶したサプライチェーンの復旧期間にも大きな影響を与えることになる。今回の熊本地震に伴うトヨタのサプライチェーンの途絶は，ほぼ5日程度，最大でもトヨタ九州の10日間で収束，藤本（2012）が復旧目標期間として示した2～3週間に収まった。サプライチェーンの復旧は短期間であることが望ましいことはいうまでもない。また目標期間も，その緊急性，必要性と能力を個別的に判断すべきであるが，甚大なAIKの被害状況にも鑑みると，今回の事例ではアイシングループの総力によって，おおむね許容範囲での復旧が行われたものと考えられる[25]。

　それではAIKの代替生産は「バーチャル・デュアル化」による対応であったと考えられるだろうか。藤本隆宏氏の「バーチャル・デュアル化」では，生産ラインを「リアルには一本だが，いざという時に2本あるも同然」という状態を作り上げることとされるが，そこでの想定は「被災ラインから別の代替ラインに設計情報を移動させ，無事な方のラインを一定期間汎用ライン化，並行して被災ラインの復旧を進め，復旧後の元のラインに被災品目を戻す（藤本2012，pp.32-33）というものである。そのうえで刈谷工場火災事故時の代替生産によるサプライチェーンの復旧を模範例に挙げている。ここで想定されているのは，少数品目の生産を，汎用性をもった既設の他の生産ラインで代替生産する比較的シンプルな対応であると考えられる。

　これに対して，今回の熊本地震におけるアイシングループの対応は，やや様相を異にするものである。刈谷工場火災時においては，他社の既設ラインがアイシンの被災ラインを「肩代わり」して代替生産を実施した[26]。他社の既設ラインとアイシンの被災ラインが「バーチャル・デュアル化」したと言える。一方でAIKの代替生産は，あくまでAIKの人員と設備を移設することで行われたものである。被災ライン自体が空間的に移動することで，83ライン分446

品番もの多品種にわたる代替生産を実施している。移設先も地域を越えて14
か所にのぼる。刈谷工場火災事故における対応が，シンプルな「肩代わり型」
の代替生産であったのに対し，熊本地震では工場単位でいわば「ライン移設
型」の代替生産が行われた。

図表3-11　代替生産の３つのタイプ

	代替生産に伴う移管対象		
	製品	生産設備	人員
肩代わり型	○	×	×
設備移設型	○	○	×
ライン移設型	○	○	○

出所：筆者作成。

　サプライチェーンの復旧手段を検討する場合，（ホイットニー他 2013）が指
摘したとおり，製品およびその生産方法の特性（資産の汎用性・特殊性）が復
旧パターンの選択肢を制限する。バーチャル・デュアル化を構想するにあたっ
ては，被災ラインから「何を」「どこまで」移管して代替生産するのかという
視点も必要であろう。図表のとおり，「肩代わり型」では，製品だけが他の既
設ラインに移管される。「ライン移設型」では，製品づくり担う設備と人材そ
のものが移管対象である。その中間として，被災ラインから設備のみを移設す
る「設備移設型」や，これら３つによる組み合わせタイプも考えられる。タイ
プに応じて抱える課題や困難性も異なろう。さらに事例分析を積み上げての詳
細な考察が課題であるが，例えば「肩代わり型」では被災ラインから設計情報
を移転することで既設ラインをいかに活用するかが重要となるのに対し，「ラ
イン移設型」では，被災ラインの生産ノウハウ等の活用が期待できる一方で，
スペースを確保し，被災ラインの従業員や設備の移設をいかに迅速かつ円滑に
行うかが重要となろう。この点は第2章第2節で見たとおりである。
　既述のとおりアイシン精機伊原保守社長は，今回の代替生産を「前代未聞」
であったと称している[27]。伊原氏によれば，通常地震等で被災した場合の対応
は，「被災工場の復旧後の生産再開を目指す場合」と，「他社で一時的に代替生

産してもらい，その間に被災工場を復旧する場合」に大別される。前者では復旧までの間は生産がストップし，後者は他社に同様のラインがある場合のみに限られる。これに対して，今回のAIKの場合は，①ドアチェック等はAIK以外に日本では生産しておらず，被災工場の復旧を待っていては自動車メーカーの生産を長期で停める可能性があったこと，②工場自体は被災したものの，設備の被害は比較的少なかったこと，③同様のラインをもった企業がすぐ探し出せないことから，「まず被災した工場の設備，治具，人間を別の場所（他人と親会社の工場）に移動させ，そこで生産し，被災工場が治った数か月後に，また元の工場に生産，治具，人間を戻す」ことを決めた。そして，この決断に対して，取引先である自動車メーカーや仕入先，従業員，地域住民の全面的な協力を得ることによって，「実際にほぼ工場のすべてのラインの設備，治具，人間を別の14か所の場所に，たった2〜3日で移動して4か月間生産し，また設備，治具，人間を戻す」ことに成功した。こうした事例は，長い歴史をもつ内外の自動車産業においても，かつて見られない「前代未聞」の取り組みであったと総括しているのである。

　いずれにしても今回の熊本地震時におけるアイシングループの取り組みは，被災した生産ラインを短期間で現地復旧することが困難な事態に陥った場合の，新たな対応の可能性の一つを示すものであろう。もっとも，今回の代替生産に携わった関係者は「同様の代替生産は二度とやりたくない」と異口同音に語っている。代替生産を行う場所の確保，被災工場からの設備移管，被災した従業員の代替生産先への出向派遣，錯綜したロジスティクスの整備，いずれをとっても困難性は極めて高かったためであろう。こうした課題を乗り越え，ライン移設型の代替生産が可能になった前提には，過去の災害対応を通じて，アイシングループの災害対応に向けた復旧力が向上していることも指摘できよう。確かに今回の事例においても，第5章で考察するとおりトヨタによる支援がサプライチェーンの復旧に大きな役割を果たしたことは間違いない。とりわけ初動時のトヨタからの支援チームの活動によって，生産復旧に向けた取り組みは大きく加速している。他方で，代替生産の開始から稼働，そして生産引き

戻しの各段階における具体的な活動の大半は，アイシン精機が主導して行っている。刈谷工場火災事故時においては，「肩代わり」代替生産の開始前はもとより，開始以降，自社工場への生産引き戻しに際しても，トヨタに依存する側面が強かったと見られるのに対して，アイシングループの災害対応に向けた復旧力は格段に向上している。トヨタだけでなく，幾多の災害対応を経て，アイシン等有力サプライヤーを含めたサプライチェーン全体で復旧力が向上していると評価できよう。

　そのうえで今回の熊本地震時におけるアイシングループのサプライチェーンの復旧に向けた取り組みを支えた要因として，トップ自らの強い信念とリーダーシップに基づく決断の存在を再確認しておきたい。余震が続く中でのトップの代替生産の早期決断。時期を限定した熊本への生産引き戻しの決断。いずれも極めて困難な決断であったことは想像に難くない。トップの示した明確な目標に向けて，グループの総力を結集できたことが，サプライチェーンの早期復旧を果たすうえで大きな原動力になったものと考えられる[28]。

（注）
1　熊本地震時のAIKの製品構成を売上金額でみると，サンルーフ関連部品とシート関連部品が各々4割程度を占め，残りがドアチェックやドアフレームであった。
2　AIKもトヨタ九州と一部品目で直接取引も行っているが，自動車部品事業については，トヨタ九州向けを含め多くがアイシン精機経由での直納取引となっている。
3　厳密にトヨタのドアチェックの国内調達状況を見ると，AIK製が93〜4％，同じアイシングループのシロキ工業製が5％，鈴木工業製が1〜2％であるが，量販車種向けを中心にほぼAIK製品が独占しているといっても過言ではない（これらは全量アイシン精機経由で納品されている）。
4　半導体・液晶装置関連事業の売上構成は5％程度である。
5　前震発生以降，本震時まで操業を全面停止していた。
6　トヨタグループの愛知製鋼は，2016年1月8日にエンジンや変速機向けの特殊鋼

部品を製造していた知多工場（愛知県東海市）で操業停止を招く爆発事故を起こした（3月21日生産再開）。この事故の影響でトヨタの全国内車両組立ラインは，関連部品の調達難から，2016年2月8日から13日までの6日間にわたり稼働停止を余儀なくされた。

7 高橋寛AIK社長は，トヨタからの支援チームは災害対応の「もう本当にプロの人」で，「あっちでチョロチョロこっちでチョロチョロやっても分からないし，トヨタとアイシンも日々連絡を取るのに一つになってやらないといけない」ことから現地対策本部の初動は「トヨタさんに全体を仕切ってもらった」と語っている（2017年2月17日インタビューより）。

8 本社対策本部長であったアイシン精機副社長岡部均氏は，「現場とコミュニケーションをとり，その判断を最大限尊重する「面着文化」がアイシンの組織文化であり，代替生産を即決することに迷いは全くなかった」と語っている（2017年4月6日インタビューより）。

9 高橋寛AIK社長は，トヨタの派遣者からは「来て，会って第一声が「とにかくプレハブの部屋を作ってくれ」「そうしないと仕事が始まらんから」といわれ，大部屋では「毎朝ミーティングと毎昼ミーティングをやって，遅れがあると挽回計画を立てて，毎日毎日やって」いたと語っている。（2017年2月17日インタビューより）。

10 トヨタは組立ライン別の減産台数を公表していないが，このうちトヨタ九州の減産台数は，地震前の生産計画等を踏まえると約1.3万台程度とみられる。

11 ゴールデンウイークの連休をはさんだこともあって，トヨタグループの実質的な稼働停止期間は，最長のトヨタ九州が10日間であり，その他の大半のラインは5日〜7日である。

12 日産車体九州向けに供給していたシート部品について，同社の紹介もあって製品領域が比較的近いヨロズ大分で代替生産を行ったもの。ヨロズ大分でもAIKの設備と出向従業員により代替生産を行った。

13 アイシン精機新豊工場長稲垣典久氏へのインタビューによる（2017年4月7日実施）。

14 試作型の製造は岐阜市にある三興精機で行われた。なお量産型については，アイシン精機工機工場で協力企業10社の協力を得て，通常3か月とされる製作・立ち上げを1か月で終えて，5月18日には完成させている。

15 トヨタと取引がある機械・設備メーカー，物流関係事業者で組織されている協力会。ボデー設備部会（加盟34社），ユニット設備部会（加盟36社），施設部会

（加盟33社），物流部会（加盟24社）の4つの部会で構成されている。

16 搬出作業の陣頭指揮に当たったトヨタ調達本部資材・設備調達部設備室IT・プラント設備グループ長正岡修二氏は，サプライヤーの復旧支援のポイントとして，①仕事の見える化と支援受入先との情報共有，②必要な支援の提供者（支援仕入先）の明確化，③指揮命令系統の一元化，④進捗管理をあげている。またトヨタ資材・設備調達部設備室では，非常時の復旧支援対応マニュアルを作成するとともに，協力企業の有する支援スキルをまとめた支援依頼先リソースシートをまとめている（2017年4月7日インタビューより）。

17 アイシン精機副社長岡部均氏も同様に語っている（2017年4月6日インタビューより）。

18 ドアチェックのラインはAIKへの生産引き戻し後さらに3%程度生産性を向上させている。

19 トヨタグループでは東日本大震災時に3次サプライヤーまで登録が一気に進んだ。現在では，SCRAMではシステム上は10次までのサプライヤーの登録が可能になっているが，下層になるほど調達先から詳細な情報提供を受けることが困難になっているのが実態と見られる。

20 AIKで内製していたプレス部品の後加工を手掛けていた表面処理メーカーや，一部の単品部品等については輸送効率を勘案して，愛知県内での転注を余儀なくされた。AIKではこうしたサプライヤーに対しては個別に8月を目途とした生産再開計画を説明することで理解を求めた。なおAIKでの生産再開に伴い調達先が変更されたケースはなく，これらのサプライヤーへの発注も地震前と同水準に戻っている。

21 藤本隆宏氏は，ものづくりを「設計情報をモノ（媒体）に作り込み，それをよい流れで顧客に届けること」と広義にとらえ，その基本を設計に見ている（藤本 2004等）。この立場から，製品設計情報を創造する活動が「開発」であり，その設計情報を媒体に転写する活動が「生産」であり，その媒体を購入する活動が「調達」，製品を通じ顧客に設計情報を発信する活動を「販売」としている（藤本 2011）。サプライチェーンは「顧客へと向かう設計情報の流れ（藤本 2004）」であり，製品や仕掛品は転写済みの設計情報とされている。

22 アイシン精機の海外各拠点からの輸入代替は代替生産が軌道に乗る2016年4月にのみ行われたが，共通品番として輸入できたものは必要量の5%程度にとどまった。

23 アイシン精機副社長岡部均氏は「ドアチェックは500トンや1,500トンという大

型プレス機で生産するものでなく，「根の生えていない設備」で生産するので，金型さえあれば代替生産ができると当初から判断していた。そこで被害調査に当たった高橋寛AIK社長や現地対策本部への派遣者から金型の被害状況を聞き「金型は取り出せば使える」と聞いたので，自らも代替生産を即断できた」と語っている（2017年4月6日インタビューより）。

24 トヨタ九州に供給していた車体部品やエンジン部品の多くも同様であった。

25 トヨタ九州社長の金子達也氏は「熊本地震の影響で一時期，アイシン九州からのドア部品の調達ができず生産に遅れが生じたが，2016年9月までに取り戻した」と語っている（毎日新聞2016年12月20日付）。同社へのインタビューでも「2016年5月に定時体制に復帰したのち，6～9月にかけて1時間から1時間半程度，残業対応を従業員にお願いしてきた」としている（トヨタ自動車九州総務部総務室長一岡正義氏，工務部物流管理室グループ長麻生栄氏へのインタビューより，2017年3月14日実施）。

26 刈谷工場火災時にも，焼け残ったP－バルブの専用加工機の補修を手掛けた機械メーカーのホーコク（広島県福山市）において，補修後の加工機を用いて，同社工場内でアイシン精機の人材により代替生産が行われたが，期間，規模とも限定的なものにとどまるものであった。

27 アイシン精機伊原保守社長へのインタビューによる（2017年4月7日実施）。

28 本章は西岡正（2018）を大幅に加筆修正したのである。なお研究にあたっては，JSPS科研費課題番号JP17K12617並びに同課題番JP17H02007の助成を受けている。

【参考文献】

Williamson, E.O. (1981) The economies of organization: the transaction cost approach., *American Journal of Sociology*, Vol.87, pp.548-577

アイシン50委員会・G50委員会編（2017）『アイシン50年史 1965～2015』アイシン精機

折橋伸哉・目代武史・村山貴俊編（2013）『東北地方と自動車産業』創成社

西岡正（2004）「地方圏進出企業の展開動向と地域中小製造業」『熊本学園商学論集』10(2·3)，pp.73-96

西岡正（2006）「グローバル時代の新たな国内産業集積の形成と課題」『中小企業のライフサイクル 日本中小企業学会論集』(26)，pp.112-125

西岡正（2016）「需要搬入企業の変容とサプライチェーン—九州の完成車メーカーの機能再編を中心に」『日本中小企業学会論集』（35），pp.135-147

西岡正（2018）「自動車産業に見るサプライチェーンの復旧能力：熊本地震におけるアイシングループの取り組みの考察」兵庫県立大学『商大論集』69（3），pp.1-29

西口敏広・A.ボーデ（1999）「カオスにおける自己組織化：トヨタ・グループとアイシン精機火災」『組織科学』32（4），pp.58-72

藤本隆宏（2004）『日本のもの造り哲学』日本経済新聞社

藤本隆宏（2011）「サプライチェーンの競争力と頑健性—東日本大震災の教訓と供給の「バーチャル・デュアル化」」東京大学ものづくり経営研究センターディスカッションペーパー，No.354

藤本隆宏（2012）「サプライチェーンの「バーチャル・デュアル化」—頑健性と競争力の両立に向けて」『組織科学』45（5），pp.25-35

D.E.ホイットニー・J.ルオ・D.A.ヘラー（2013）「サプライチェーンの途絶リスクとその復旧パターン：調達の一時的な分散とその限界」東京大学ものづくり経営研究センターディスカッションペーパー，No.434

西岡　正

第4章
大規模代替物流網を力業で構築した
アイシン[1]
―力業を使えない企業でも事前に考えておくべき課題―

1. はじめに

　筆者は，大規模災害等によるサプライチェーンの供給途絶に対する対応として，藤本（2011）の提唱する「バーチャル・デュアル化」（詳細は第2章2-3，第3章第5節参照）を，合理的で現実的な構想と考えている。「バーチャル・デュアル化」が，競争力と頑健性の両立という観点から，生産ラインの常時複線化ではなく，非常時においてのみ代替供給源を迅速に確保するとしているからである。

　ただ，サプライチェーンは，第2章で述べられているように，「拠点（工場や事業所）」と，そのつながりである「ネットワーク」によって構成されており，「ネットワーク」は物流網によってつながっている。「あたかも生産ラインが2本あった」かのように代替生産を実行するには，代替生産に対応して「代替物流」[2]も構築できることが条件である。

　しかし，代替物流は代替生産の範囲が広くなければ物流ルートの再編だけで構築できる（その意味で物流までバーチャル・デュアル化しておく必要はない）ため，これまで報道においてもアカデミックにおいても殆ど取り上げられず意識もされてこなかった。だが，アイシン九州が熊本地震対応で実施した代替生産では，代替物流網の構築が代替生産とセットで本格的に取り組まれ[3]，危機対応において代替物流の構築という課題があることを示した。これは，アイシン九州が熊本地震対応で取り組んだ代替生産の次のような特徴による。

　アイシン九州の代替生産は，合計14カ所83ライン446品番という前代未聞と言って良い大きな規模で実施された。そのため，それに対応する代替物流の

動線も最長900キロに達しただけでなく，代替先の拠点数，ライン数，品番数の多さから物流動線も錯綜した。このため，物流コストが重くのしかかり，物流コスト削減のための代替物流に関する本格的な対策が避けて通れない課題となった。アイシン九州が熊本地震対応で実施した広範な代替生産に対応する代替物流は，代替生産とセットで本格的に取り組まれたという意味でも，代替物流に関連する課題を具体的に示したという意味でも，代替物流について独自に分析し，独自に考察することを求めている。

とは言え，アイシン九州は，親会社であるアイシン精機の協力を得て，この課題を迅速に処理することに成功し，熊本地震発生後わずか半月余りで得意先に対するJIT納入を何事もなかったように再開した。代替生産・代替物流の取り組みは，具体的には事前に何の準備もされていなかったにもかかわらず，本章で詳しく見ていくアイシン精機の組織能力の高さにより，言わば力業で短期的に一気に実行された。本章は主に，力業を可能にしたアイシン精機の組織能力の高さを分析する。それにより，アイシンの危機対応能力の高さが明らかになるだろう。しかし，地震のような天災は組織能力の高い企業にのみ降りかかるわけではない。

そこで，アイシンの組織能力の高さを分析することを通じて明らかになった「代替物流」に関連する課題，とくにアイシンのような力業を使えない企業が代替生産・代替物流の構築を迫られることを想定して事前に考えておくべき課題を最後に述べる。

2. 成り行き物流の問題点と中継物流による解決

2-1. 多数かつ広範な代替生産に対応して構築された成り行き物流

アイシン九州（AIK）の生産設備を丸ごと移して代替生産を行った拠点は，九州地区7カ所，愛知地区7カ所の計14カ所にのぼる。

AIKは，九州地区では2016年4月23日にドアチェックの中央製作所での代替生産に続き，トヨタ自動車九州㈱小倉工場，トヨタ紡織九州㈱，ヨロズ大分

㈱，田村㈱大牟田工場，平和自動車工業㈱，カリツー九州㈱宮田物流センターの7カ所で，マニュアルシート，ノーマルサンルーフ，ルーフレール，センターピラーなどの代替生産を開始させた。中央製作所は4月24日に出荷を開始している。九州地区での代替生産は37ライン184品番であった。

5月1日，愛知地区でも，日進工業㈱，アイシン辰栄㈱和泉工場・港南工場，シロキ工業㈱名古屋工場，アイシン精機㈱新川工場・新豊工場・衣浦工場の7カ所で46ライン262品番の生産がスタートした。5月6日には得意先への製品の納入を開始した。

以上の九州地区7カ所37ライン184品番と愛知地区7カ所46ライン262品番を合計すると14カ所83ライン446品番に達した。AIKやドアチェックの代替生産先である熊本地区と納入先であるトヨタ九州や日産九州のある北九州地区は約150キロ，同じく北九州地区とアイシングループの代替生産先のある愛知県三河地区は約750キロ弱，熊本地区と愛知県三河地区は約900キロ弱である。物流動線が遠隔地からの納入で大幅に伸び，かつ錯綜した。代替生産先の数，ライン数，品番数においても，代替生産先と仕入先，代替生産先と得意先の距離においても，その物流動線の錯綜ぶりにおいても，前代未聞の代替生産となった。

代替生産開始（九州地区4月23日，愛知地区5月1日）直前直後の物流は，中継地を設置しないまま「成り行き」で構築されたため，アイシン精機，アイシン九州では「成り行き物流」と呼ばれている。

2-2. 成り行き物流での物流効率悪化

成り行き物流では，遠距離輸送であるにも関わらず物流動線が複雑で，効率的な集荷が難しく，得意先へのJIT納入を前提とすると，トラックの積載率が低下した。成り行き物流における長距離トラックの積載率は60％程度であり，4割は空気を運んでいる状態であった。他方で，代替物流のコストは，中継物流が確立した後でも1日あたり約2千万円[4]で，成り行き物流の段階ではそれ以上にかかっていたと見られる。積載効率の改善，そのため物流動線一本化が

第4章　大規模代替物流網を力業で構築したアイシン　　*87*

図表4-1　代替物流開始直後の物流動線が錯綜した成り行き物流

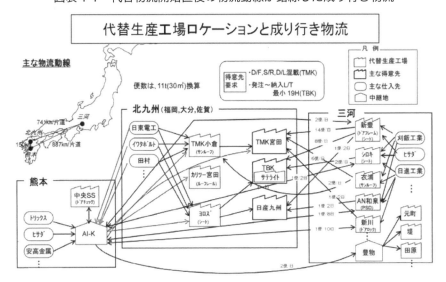

出所：アイシン精機提供資料より筆者作成。

急務であった。

　愛知地区の得意先への納入開始にあたり，①「代替生産先と九州・愛知の仕入先とを結ぶ物流網」と，②「代替生産先と九州・愛知の得意先との物流網」の全体が「成り行き物流」から「中継物流」へ整備された。地震前までは，AIK1カ所で生産していたものが14の代替生産先に分かれるため，成り行きの物流では物流動線が増え複雑になるだけでなく，輸送リードタイムの大幅な増加と物流効率の悪化による物流コスト上昇が見込まれたからである。その抜本的対策として，物流中継地が設置された。

　物流中継地の設置先は，①熊本のAIK中継地，②北九州のダイハツ，TMK門前に設置された生田川中継地，③同じくTBK，ヨロズ大分門前に設置された中山中継地，④愛知県刈谷市の小垣江中継地の計4カ所であった。中継地の設置により，地域間の長距離輸送の物流動線が中継地間に集約された。また，中継地で商品の集約や仕分け，積み替えが可能になり，長距離輸送の積載効率

図表4-2　長距離物流動線を一本化した中継物流

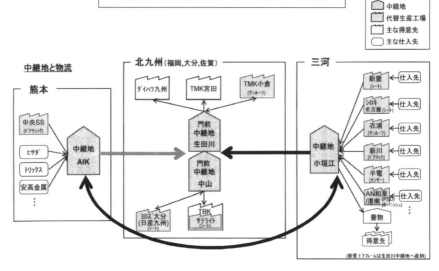

出所：アイシン精機提供資料より筆者作成。

が改善されるとともに，中継地から得意先への製品の輸送でも，中継地から代替生産先への仕入品の輸送でも，震災前と変わらないJIT納入を実現した。物流を「成り行き」に任せず，中継物流を早期に確立することで，物流面では被災前と変わらない代替生産を実現した。

以下，「中継物流」による改善の内容をいくつかの指標を使って見ておく。

2-3. 中継物流による積載効率改善，得意先ライン停止ゼロ
―危機的状況でも遺憾なく発揮されたカイゼンのルーチン―

中継地設置により中継地での仕分け，積み替えが可能になり，混載率を高めることで，積載効率も大きく改善された。長距離トラックの積載率は，成り行き物流の60％程度から中継物流で85％まで向上した。

また，ダイハツ九州，TMK宮田，TMK小倉の門前に生田川中継地，TBK,

ヨロズ大分の門前に中山中継地が設置されたことにより，得意先の納入指示に
合わせて，仕分け，積み替えが行えるようになった。その結果，効率的な混載
輸送が可能になり，より低コストで確実なJIT納入ができるようになった。

　中継物流の確立により，長距離トラック輸送を間に挟んでも，得意先には震
災前と同様のJIT納入が可能になり，中継物流確立後は欠品による得意先での
ライン停止は代替生産終了までゼロが続いた。

　危機的状況でも，危機的状況だからこそ，カイゼンのルーチン[5]が遺憾なく
発揮された。ただ，カイゼンのルーチンは，トヨタやその系列サプライヤーの
企業特殊的なルーチンという性格が強い。しかも，それは長期継続的雇用の下
でトヨタや系列サプライヤーの企業組織の中で暗黙知として継承されている。
それを「効率的な代替物流構築能力」の不可欠の要素と考えると，効率的な代
替物流構築はトヨタやトヨタ系列にしか出来ないことになる。

　しかし，21世紀の自動車メーカーや部品メーカーは，文字通り地球的規模
での激烈なグローバル競争を続けている。トヨタの「カイゼンのルーチン」と
は異なっていても，物流も含めた全社的な効率化＝コスト低減は，グローバル
競争を戦うすべての自動車メーカーや部品メーカーの至上命題であり，それは
危機対応においても同様であろう。こうしたグローバル競争の強制により，ど
の自動車メーカー，部品メーカーであれ，危機に直面すれば，効率的な代替物
流網を構築する方向に向かい，持てる能力を最大限に発揮してそれを実現する
だろう。だとすれば，効率的な代替物流構築はトヨタやトヨタ系列にしか出来
ないことではない。

　とはいえ，トヨタと同様のルーチンを持つアイシンが効率的な代替物流網を
大規模かつ即時に構築したことは，やはり，トヨタの「カイゼンのルーチン」
の「競争優位」を物語っている。それが組織内で暗黙知として継承されている
だけになおさらである。

　こうしたカイゼンのルーチンは，中継地のスペース確保と建屋内物流（構内
物流）の効率化においても明瞭に発揮されている。とくに，建屋内物流（構内
物流）の効率化に関しては，当時の状況で，そんな所まで目配りしていたのか

90

と驚く事例である。これについても，中継地のスペース確保とともに，以下に詳しく見ておく。

3. 中継地のスペース確保と建屋内物流効率のカイゼン

中継地には，地区の代替生産のための物流が集中する。それを効率的に処理するためには，十分なスペースの確保と建屋内物流（構内物流）の効率化が不可欠である。

しかし，中継地のためのスペースが都合よく準備されていることは通常無い。準備されているとすれば，文字通り代替物流がバーチャルにではなく，リアルに準備されている場合であるが，競争力の観点から望ましいことではない。アイシンの熊本地震対応でも準備されていなかった。

このため，本来は中継地用ではないスペースを利用せざるをえず，そうしたスペースを効率的に利用するには，さまざまな制約が予想された。

アイシンの代替物流では，スペースの確保と建屋内物流（構内物流）の効率化は，どのように実現されたのだろうか。以下，具体的に見ていく。

3-1. わずか9日間で本格稼働した愛知地区の物流のハブ小垣江中継地

物流中継地は前述の4カ所が設置されていたが，本章では愛知県に設置された小垣江中継地の事例を取り上げる。

小垣江中継地は，愛知地区の物流を集約して，他の3つの中継地との間を長距離輸送で結んでいた。代替生産先の半分（7カ所）が集中し，最大の得意先（納品先）であるトヨタの各工場が立地する愛知地区の物流のハブであった。

愛知地区での代替生産が始まる2016年5月以降に設置され，5月8日までに建屋内のレイアウト変更を完了し，5月9日には建屋内での物流も効率化された中継地として本格稼働した。小垣江以外の3カ所の中継地は建屋内物流を効率化したうえで起ち上げられたため，5月4日の受け入れ開始直後から本格稼働しており，5月9日の小垣江の本格稼働で，中継物流全体が本格稼働した。

5月1日の愛知地区代替生産開始から5月9日の小垣江中継地の本格稼働までわずか9日間。成り行き物流から中継物流への移行は迅速そのものであった。熊本地震が発生した4月14日から数えても中継物流確立まで，3週間余りである。代替生産の規模の大きさ，連休を挟んでいることを考慮すれば，代替物流は「即時」に構築されたと言って良いだろう。

　以下，成り行き物流から中継物流への迅速な移行を可能にした要因を見ていこう。

3-2. カリツー㈱小垣江物流センターを借用

　愛知地区の代替生産に対応する代替物流の荷量は1日あたり1,122m³で，1m²あたり1.9m³置くとすると603m²の床スペースが必要で，さらに，荷物をトラックに積み降ろしするスペース（トラックヤード）も必要だった。

　また，代替生産工場は，愛知県の7カ所に広がっていたため，中継地の立地先は，そのそれぞれから同じくらいの距離であることが望ましかった。

　この2つの条件を兼ね備えたスペースは，リアルにはもちろん，バーチャルにも（想定としても），事前には確保されておらず，ゼロから探す他は無かった。

　しかし，アイシン精機西尾機関工場が利用していたカリツー㈱小垣江物流センターに空きスペースが有り，2つの条件を充足していることが判明した。このスペースが見つかったのは偶然であり，幸運という他は無い。

　このことから，代替物流をバーチャルにデュアル化するといっても，代替物流の構築には，能力ではない偶然の幸運という要素が含まれることが分かる。

　しかし，偶然の幸運を事後的に活用する能力は，代替物流構築能力を構成する重要な柱である。スペースを確保した直後に実施された建屋内物流（構内物流）の効率化は，トヨタ流のカイゼンのルーチンを含む代替物流構築能力が発揮された事例である。

図表4-3 愛知地区のハブ小垣江中継地

（注）AIはアイシン精機㈱の略で，ANはすべてアイシン辰栄㈱の略である。
出所：アイシン精機提供資料。

3-3. 即時に実施された建屋内物流（構内物流）の効率化・人工削減

　小垣江中継地は，カリツー㈱が，小垣江物流センターとして設置した施設である。建屋は幅140m，奥行き70mで，3階建てである。

　各フロアの床面積は1階7,643m²，2階9,705m²，3階2,099m²となっている。1階の床面積が2階より狭いのは，建屋1階に入り込む形でトラックヤードが設置されているからである。各フロアは大型エレベータで結ばれている。

　カリツー小垣江物流センターは，1階のトラックヤード前の部分203m²を，アイシン精機西尾機関工場が物流倉庫として利用していたため，熊本地震対応で借りられたのは2階の603m²であった。

　2階を中継地として利用することになったため，トラックから積み下ろしする荷物は1階から2階へエレベータで上げ下ろしすることになった。エレベータ搬送回数は日当たり1,122パレット94回，受入から出荷までの作業人工は熊本地震対応だけで25人工に達していた。

　中継地を1階に下せば問題解決することは明らかだったが，1階との入れ替えは西尾機関工場の同意が必要だった。しかし，不便でコストもかかる2階との入れ替え交渉は難航が予想された。そこで，代替物流を担当していた本杉圭三生産管理部長は，伊原保守社長の小垣江中継地視察時（5月7日）に1階と2階の入れ替えを進言した。伊原社長はその場で入れ替えを許可し，その足で西尾機関工場に向かい，工場長に入れ替えを指示している。その15分から20分後には工場長が小垣江中継地に来て入れ替えの検討が始まり，翌8日には入れ替え作業が完了し，9日には入れ替え済みのレイアウトで小垣江中継地が稼働した。

　このレイアウト変更の結果，エレベータ搬送回数は日当たり234パレット20回と5分の1に減少し，受入から出荷までの作業人工は熊本地震対応分で半分の12人工まで削減された。

　社長自ら中継地まで足を運び，中継地の構内物流という一見すると小さな問題でも社長自ら動いて解決する，という徹底した現地現物のルーチンが奏功した事例である。伊原社長は震災の前年にトヨタの副社長から転任し，就任直後

図表4-4 建屋内物流効率化：2階

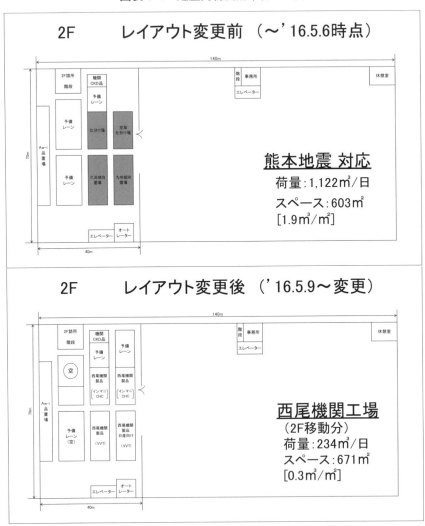

出所：アイシン精機提供資料。

図表4-5　建屋内物流効率化：1階

(注)　エレベータの隣にオートレータもあるが搬送重量が小さいため熊本地震対応では使われなかった。
出所：アイシン精機提供資料。

図表4-6　エレベータ搬送回数は1/5に，作業人工は半減

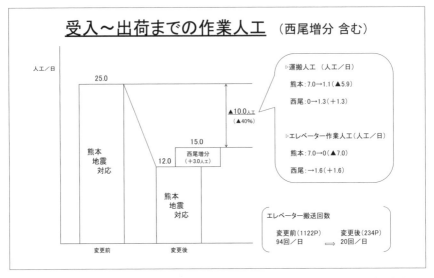

(注1) 図はカリツー㈱小垣江物流センターのレイアウト変更（1F, 2F入れ替え）前後のエレベータ搬送回数と運搬人工の変化を示したものである。
(注2) 「西尾増分」は，アイシン精機西尾機関工場使用分の一部を2Fに上げたために生じた運搬人工とエレベータ作業人工の増分（+3.0人工）である。熊本地震対応分は約13人工減っているため，物流センター全体では約10人工減（約10人工分の効率化）であった。
出所：アイシン精機提供資料。

から国内外200カ所に及ぶ拠点を視察していた。現地現物は日常的なルーチンだったのであり，それが危機において奏功したのである。

こうして，中継地の構内物流という細かい所まで徹底的に効率化された代替物流が本格稼働した。危機においても，ここまでの効率化を追求できたのは，現地現物，カイゼンなどのルーチンがトップから現場まで広く深く浸透しているトヨタとトヨタ系列だから出来たと思われる。トヨタとトヨタ系列の競争優位と理解するのが妥当であろう。

なお，カリツー㈱小垣江物流センターは，1階と2階の入れ替え後も引き続きアイシン精機西尾機関工場と代替物流小垣江中継地とその他の共用であった

ため，代替物流の純増44便分はトラックヤードの混雑に直結した。トラックヤードのトラック受入口（トラックドック）の効率的運用も課題だったので，つぎにそれを見ておく。

3-4. 代替物流の純増44便分を従来通り8ドック昼夜2交替24時間稼働 で処理

　カリツー㈱小垣江物流センターにはもともと8つのトラックドック（受入口）があり，西尾機関工場39便/日，他社10便/日の入出庫を取り扱っていた。

　そこに，代替生産受入34便/日，出荷10便，計44便が加わり入出庫する便は倍増した。しかし，カリツー㈱小垣江物流センターはもともと24時間稼働だったため，ドックの運用を工夫することで，トラックドックを増設することなく，増加した44便を処理できた。昼夜2交代の入出庫をトラックドック別に表にしたのが次ページの図表4-7である。

　44便もの増便でも，まだドックに余裕が有ることが分かる。カリツーの精密な入出庫管理，荷物の積み下ろし人員の手配があって初めて出来た余裕であるが，絶好のロケーションに余裕のあるドックが偶然見つかったという幸運に恵まれたことも間違いない。ここでもまた，偶然の幸運という要素が含まれることが分かる。

4. おわりに

　以上のように，アイシンは危機的状況下で具体的には何も準備されていなかったにもかかわらず，短期間で大規模代替物流網を構築できた。それは，代替物流コスト日当たり2千万円を負担できる財務力，それを即断できる経営トップの意思決定能力の高さ等の結果であり，さらに，適切な中継地がすぐに見つかる等の幸運にも恵まれている。

　ただ，熊本地震で被災し代替生産・代替物流が必要になったのはアイシン九州である。アイシン九州だけでその費用を負担すれば，後々にわたって重い負

図表 4-7 44便／日の増便を従来通りのドック、稼働時間で処理

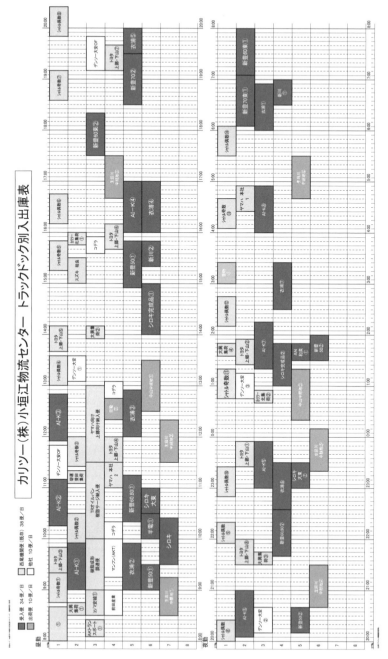

出所：アイシン精機提供資料。

担を強いられるため，大規模な代替物流網構築の決断は出来なかったと思われる。九州地区だけの代替物流なら，高橋寛アイシン九州社長の決断だけで構築できたかもしれないが，愛知地区の代替物流網は伊原保守アイシン精機社長の決断が不可欠だっただろう。アイシン精機と一体になった代替物流構築だったから力業でも構築できたのは間違いない。部品メーカーとは言え，アイシン精機ほどの巨大企業の全面協力があったからこそ実現できた代替物流と言えよう。

しかし，そうした協力が期待できない企業の場合でも，広範囲にわたる代替生産，代替物流が必要になることは有り得る。代替生産だけでなく，代替物流に関しても準備しておかなければ，供給途絶が長期化し得意先の自動車メーカーの生産停止が長期化することもあり得ないことではない。また，競争上の必要から，何らかの競争優位をもっている部品メーカーであれば，危機対応で力業を使えないことが明らかな部品メーカーであっても，特定部品の生産を集中することが合理的な場合もある。

それらを考慮すれば，得意先（自動車メーカー）からの発注で自社のシェアが高い部品に関しては，代替生産，代替物流の実行可能性を十分に検討し準備しておくべきである。もちろんリアルに準備すればコストがかかり現実的でなく，競争力の観点からも望ましくない。あくまでバーチャルな構想として準備しておくことが望まれる。

ただし，代替物流の構築がバーチャルに必要なのは，トヨタの国内生産用ドアチェックの生産が90％以上集中していたアイシン九州の様に，供給途絶・現場復旧不能となれば，代替先が多数かつ広範でも代替生産が不可避と想定される場合に限られる。競争上合理的であったとしても，アイシン九州のように特定部品の生産が90％以上集中する事例は例外的と考えられるため，代替物流構築がバーチャルに必要なケースも例外的であろう。しかし，アイシンのように力業で解決できない企業に特定部品の生産が集中している場合には，代替物流も含めた代替生産の構想をバーチャルに作成しておくのが現実的である。

ただ，代替物流をバーチャルに構想しておくと言っても，代替物流をリアル

に構築するにあたっては，本章で分析したように偶然の要素が強く働く。偶然の幸運であれ不運であれ，偶然の要素を事前に構想しておくことは出来ない。そのため，具体的な代替物流拠点やルートを事前想定するのは現実的ではないだろう。代替物流が必要になった場合の考え方や対応手順といった方法論を事前構想しておくのが現実的である。このような意味で代替物流をバーチャルに構想しておくことが望まれる。

(注)

1　本章では，アイシン精機をたんにアイシン，アイシン九州をAIK，ドアチェックの代替生産先である中央製作所を中央SS，得意先であるトヨタ自動車九州をTMK，トヨタ紡織九州をTBKと略記することがある。また，「アイシンの熊本地震対応」と言う場合，アイシン精機の対策本部とアイシン九州の現地対策本部が策定した対応を意味する。

2　本章で言う「代替物流」は，別の生産拠点での代替生産の際に必要となる仕入先，得意先との新たな物流網，すなわち，代替生産と一体的に構築される物流網のことである。物流網だけが破壊された場合に構築される，代わりの物流網のことではない。また，「物流のバーチャル・デュアル化」は，新たな拠点で代替生産を行う際に必要となる物流網を仮想的に構想しておくことである。

3　ただし，代替物流を明瞭に意識したのは，アイシン九州やアイシン精機などの代替生産と代替物流の構築に直接携わった当事者に限られる。報道においてもアカデミックにおいても殆ど意識されていないのは，これまでと変わらない。

4　アイシン本社で代替物流を担当した本杉圭三生産管理部長の説明（2017年4月7日，カリツー小垣江物流センターでのインタビュー。本章第2節の代替物流に関する記述は，本杉氏に提供して頂いた情報による）。2千万円はトラック便の費用と倉庫賃貸費用，倉庫管理費用の合計。

5　ルーチンは，標準作業書（業務マニュアル）のように明文化されたものであれ，長期継続雇用の職場で職場慣行として行われているものであれ，日常的に繰り返し行われる仕事のやり方のことである。トヨタやアイシンのような系列部品メーカーはさまざまな現場作業を，管理部門の机上ではなく，現場作業員の作業経験に基づいて改善するルーチンを持っている。これがカイゼン（海外でも日本語の改善で通用するためカイゼンと片仮名表記する）のルーチンである。

これは，机上ではなく現場で，実際に作られるモノを見て行われる活動のため，現地現物のルーチンとも呼ばれる。これらは，トヨタやトヨタ系列の場合，明文化された（形式知としての）ルーチンではなく，職場慣行としての（暗黙知としての）ルーチンであることが多い。

　なお，トヨタやトヨタ系列には，カイゼンだけを業務とする生産調査部という組織がある。カイゼンは生産調査部だけの仕事ではなく，全社的な（トップから現場までの）活動だが，カイゼン専門の組織があることで，カイゼンに道具や時間が必要な場合でも実施できるようになっている。

【参考文献】

佐伯靖雄（2011）「ものづくり立国日本の再興と現下の課題：東日本大震災の対応に見る自動車産業のSCMとTPSの考察」『立命館経営学』50(2/3)，pp.57-89

西口敏宏・A.ボーデ（1999）「カオスにおける自己組織化：トヨタ・グループとアイシン精機火災」『組織科学』32(4)，pp.58-72

藤本隆宏（2011）「サプライチェーンの競争力と頑健性：東日本大震災の教訓と供給の『バーチャル・デュアル化』」東京大学ものづくり経営研究センター・ディスカッションペーパー，No.354

藤本隆宏（2012）「サプライチェーンの『バーチャル・デュアル化』：頑健性と競争力の両立へ向けて」『組織科学』45(4)，pp.25-35

藤本隆宏・加藤木綿美・岩尾俊兵（2016）「調達トヨタウェイとサプライチェーンマネジメント強化の取組み：トヨタ自動車調達本部　調達企画・TNGA推進部　好田博昭氏　口述記録」東京大学ものづくり経営研究センター・ディスカッションペーパー，No.487

李在鎬（1999a）「リーン生産システムと危機における完成車メーカーの役割：アイシン精機火災への対応に関する事例研究」『経済論叢（京都大学）』163(5/6)，pp.130-148

李在鎬（1999b）「リーン生産システムと危機における労働の柔軟性：アイシン精機の工場火災への対応の事例研究」『経済論叢』164(2)，pp.45-65

野村俊郎

第5章
非常事態における
トヨタの被災サプライヤー支援
―信頼と学習が支えるサプライチェーンの頑健性―

1. はじめに

　熊本地震（2016年4月）により調達先であったアイシン九州が被災，サプライチェーンが途絶したため，トヨタは国内組立ラインの稼働停止を余儀なくされる事態に陥った。これに対し，第3章で見たとおり，アイシングループは前代未聞と言われる大規模な代替生産を実施することで，サプライチェーンの早期復旧を果たした。その過程においては，アイシングループの全面支援とともに，トヨタの支援チームの役割も非常に大きいものであった。非常事態に陥ったサプライヤーに対するトヨタによる現地での支援活動は，東日本大震災や新潟沖地震時等にも観察されてきた。本章では，被災したアイシン九州に対するトヨタの支援チームによる現地での復旧支援活動を事例として，非常事態における組織間信頼の機能とともに，危機対応の知識や経験が組織間でいかにして移転・活用されるかについて考察する。

2. 組織間信頼と学習の有用性

　蓄積された組織間における信頼（組織間信頼）は，個々の組織を成員として構築される組織間関係の競争優位性の源泉となることが指摘されてきた。組織間信頼は他者の機会主義的行動を減じることで取引コストを削減するだけでなく，他者の積極的な協調的行動を喚起する（真鍋 2002，真鍋・延岡 2003）。組織間信頼の形成には，価値観の共有が重要な役割を果たし（Sako 1991），知識や価値観の共有を促進するためには，組織間学習が有用とされる。組織間

学習の機会は，知識の移転を進めるだけでなく，組織成員の一体感を生み出しアイデンティティを確立させる。また他者の持つ公正性，知識や能力に対する認知を進め，その利用や活用にも相互期待を高めることで，組織間信頼の形成に寄与する。

　組織間信頼と組織間学習には相乗効果があり，組織間信頼の存在は組織間学習を促進し成果を高める（真鍋・延岡 2000；2003）。組織間信頼の存在が協調性を増大させ，組織成員に，機会主義的な利益追求よりも，他者との組織間学習を進めることで，組織間関係全体としての能力を高め，いわば共存共栄をめざすことが合理的であると考えさせる。組織単体よりも，組織間関係の中で創造される知識のほうが，知識創造主体が増加することから豊富なものとなり，これが競争優位につながることも指摘される（Dyer & Singh 1998）。

　日本自動車産業においては，トヨタの生産組織に典型的に見られるように，完成車メーカーとサプライヤー，あるいはサプライヤー同士からなる組織間関係に，信頼と学習の仕組みが存在しており，これが持続的競争優位の源泉となってきた。トヨタとサプライヤーの間では，組織間信頼の下で，知識の共有が進められ，組織間関係全体で高度な生産知識が保有されてきた（Dyer & Nobeoka 2000, Dyer & Singh 1998）。そこでは，協力会である協豊会，共同学習の場としての自主研究会活動，生産調査部，グループ企業間の人事交流が，知識や能力の共有を進めるための組織間学習の仕組みとして機能してきた（延岡・真鍋 2000；2003，西口・ボーデ 1999）。組織間学習の深化が，組織間信頼をさらに高めてきたのである。ではこうした組織間の信頼や学習は，大規模な地震や火災といった不測の災害が発生し，組織間関係に大きな影響を及ぼす非常事態が生じた際に，いかなる意味を有し機能を果たすのであろうか。また蓄積された知識や経験は組織間でいかにして活用されるのであろうか。

　結論を先取りすれば，熊本地震時の対応では，確固たる組織間信頼に基づき，危機対応にあたるプロジェクトチーム（現地対策本部）が結成され，トヨタのリーダーシップの下で組織間の役割分担，指揮命令系統が明確化されるとともに，蓄積されてきた知識の移転（活用）が進められた。また当事者たち

は，平常時における改善活動や自主研究会活動などの組織間学習を通じて培ってきた能力が，復旧に向けた取り組み（知識の移転・活用）を進めるうえで基盤的能力として重要であったと認識していた。これらの点については日本自動車産業の途絶したサプライチェーンの復旧対応に関する先行研究の結論とも整合的である。加えて，実際のプロジェクトチームのマネジメントにおいては，豊富な経験と知識と大きな権限をもつリーダーの存在とともに，組織間学習の場として「大部屋」，「見える化」による情報の共有が有用であることが明らかとなった。

3. 先行研究

　第2章でもレビューしたとおり，日本自動車産業のサプライチェーンの途絶事例を分析した先行研究は，平常時からの在庫の積み増しや代替手段の確保等により余剰資源を確保する事前の備えにまして，平常時の活動を通して危機からの復旧力を維持向上させることで，サプライチェーンが途絶するリスクに対応してきたことを指摘する。恒常的な追加費用負担の重い前者に比べて，後者は相対的に小さなコストでの対応が可能であり，競争力の強化にも資すると考えられてきた（藤本 2012）。より具体的には，完成車メーカーとサプライヤーは，組織間関係全体で，人的資源をはじめとする経営資源の集中投入と，日常の組織間学習や改善活動の中で培われた問題解決能力を発揮することで，サプライチェーンの途絶という非常事態に対応してきたのである（西口・ボーデ 1999，佐伯 2011，ホイットニー他 2013）。また，トヨタグループでは，平常時には組織間学習を非公式組織的なノン・ヒエラルキー的な関係性の中で行う一方で，震災復旧対応のような危機に際しては蓄積された知識を公式組織的なヒエラルキー的な関係性の中で活用しているという指摘も行われている（岩尾・加藤 2016）。

3-1. 組織をまたがる経営資源の集中投入

　この分野の先駆的な研究の一つである西口・ボーデ（1999）によれば，アイシン精機刈谷工場火災（1997年）の際には，トヨタから少なくとも300人にのぼる生産管理，保全，生産技術，購買，品質管理，物流部門等の社員が事故直後から3週間にわたってアイシン精機に派遣され，アイシン精機のサプライヤーからも約250名が支援に派遣された。またアイシン精機社内では，早期に減産分を取り戻すために，従業員の休日出勤や勤務シフトの変更により，工場稼働の柔軟性を発動する等，「多くの日本企業によくみられる伸縮自在な人員配置や諸手続きの運営も通常以上に観察された（p.65）」と報告されている。こうした組織間での人的資源の集中投入や組織内での柔軟な労働移動は，新潟中越地震におけるリケンの被災（佐伯2007，ホイットニー他2013），東日本大震災におけるルネサスエレクトロニクス那珂工場の被災（佐伯2011，藤本・加藤・岩尾2016）でも確認されている。

3-2. 組織間学習により形成・伝播する問題解決能力

　アイシン精機刈谷工場火災では，トヨタに独占供給していたプロポーションバルブ（P-バルブ）の生産が全面停止，トヨタの国内組立ラインの多くが操業停止を余儀なくされたが，60社余りのサプライヤーの代替生産によって，トヨタの組立ラインは一週間程度で通常操業を再開できた。もっとも代替生産に参加したサプライヤーの多くはP-バルブの生産経験を有しておらず，さまざまな技術的な課題に直面した[1]。こうした中で，代替生産に協力した企業は，P-バルブの加工方法の独自開発や，加工に必要なドリルを内製することで，ボトルネックを解消して代替生産を実現させ，その知識は他社にも共有された[2]。さまざまな課題を迅速に解決できた要因として，西口・ボーデ（1999）は，トヨタグループの平常時における自主研究会[3]などを通じた組織間学習活動と改善活動の存在をあげる。

　自主研究会活動は，問題解決にあたる際の価値基準やアプローチの仕方，および共存共栄の考え方の相互理解と価値観の共有を参加者に徹底させる機会と

なっている（真鍋・延岡 2003）。学習の機会が，問題解決に必要な知識の移転とともに組織間信頼を形成するのである。さらに西口・ボーデ（1999）は，「JITは本質的にその脆弱さを抱えているがゆえに，個別企業レベルにおいてもグループ・レベルにおいてもルーティン問題とより大規模な危機の双方に対して，問題解決と継続的改善の能力を育成させる役割を果たしている（p.68）」と指摘している。

西口・ボーデ（1999）は，P-バルブの代替生産や被災工場の復旧支援に際し，協力した企業が，技術所有権や発生すべき費用の補償に関し事前に協議することなく，事後的にも多額の補償を要求することがなかったことも指摘する。アイシン工場火災事故と欧州における火災事故を比較分析したホイットニー他（2013）は，欧州における事例では火災に乗じ支援企業が多大な補償を要求したり，競合企業が取引を奪ったりするような機会主義的な行動が観察された点を指摘している。機会主義的行動の抑制は，各サプライヤーがJIT生産の下でいわば運命共同体化していることに加え，組織間信頼に基づくものであると考えられるが，組織間関係全体でリスクを吸収することで，復旧に伴う取引費用の低減，復旧の迅速化をもたらす効果があることも指摘できる[4]。

3-3. 組織マネジメントの使い分け

岩尾・加藤（2016）は，トヨタグループの平常時の自主研究会活動と，東日本大震災と熊本地震で途絶したサプライチェーンの復旧活動を比較して，トヨタの平常時と非常事態においての知識移転と組織マネジメントの違いを指摘する。平常時の自主研究会活動では，トヨタは参加企業の公式組織的（Barnard 1938, Simon 1947）な命令系統に口出しすることはなく，参加者間で平等にディスカッションが行われるとして，トヨタグループにおいて普段の暗黙知的な知識共有は非公式組織的でフラットな（ノン・ヒエラルキー的な）組織によって促進され，そこでのリーダーは公式組織的に振る舞うことなく参加者の傾注を節約するという役割をもっていると指摘する。他方で非常事態への対応では，トヨタはプロジェクトチームを組み，復旧に向けたクリティカルパス

を決定し，他の組織の知識も存分活用すべくリーダーシップを発揮する。その
リーダーシップの下で，普段から蓄積された暗黙知的な知識に根差すサプライ
ヤーの問題解決能力が危機からの復旧力として発揮されるとして，危機に際し
て知識は公式組織的なプロジェクトチームにおける指揮命令系統を通じた形で
行われると指摘する。そのうえで通常時には非公式組織的な知識共有活動を行
う一方で，非常時には公式組織的な知識活用活動を行うという使い分けのマネ
ジメントが行われると結論付けている。

　以下ではこうした先行研究の成果も踏まえながら，まずトヨタのサプライ
チェーン途絶時の対応方針とサプライチェーンの頑健性を確保するための近年
の取り組みを見る。次いで，熊本地震で途絶したサプライチェーンを復旧する
ために，トヨタが被災サプライヤーに対して行った復旧支援を，関係者へのイ
ンタビュー調査に基づき分析することで，トヨタグループの中で非常事態に知
識や経験が組織間でいかにして移転・活用されるかについて見ていく。最後に
トヨタグループの復旧力が，組織間の信頼と学習の仕組みに支えられることで
発揮されており，また非常事態のマネジメントにおいては権限をもつリーダー
の存在と情報の共有が有効であることを提示する[5]。

4. トヨタの非常事態対応と頑健性確保の取り組み

4-1. 生産復旧時の基本方針

　自然災害や人的災害に起因するサプライヤーの被災によって，トヨタのサプ
ライチェーンが途絶した主な近年の事例としては，阪神淡路大震災（1995年），
アイシン刈谷工場火災（1997年），東海豪雨（2000年），新潟県中越沖地震
（2007年），東日本大震災（2011年）等をあげることができる。こうした非常
事態における生産復旧の経験を踏まえて，現在トヨタは「一に人命，二に地域
貢献，三に生産復旧」とする非常事態対応の基本方針を確立している。優先順
位として，人命・安全を最優先させ，被災地域の復旧に協力したうえで，生産
の通常復旧を目指すことを徹底している[6]。

図表5-1　過去のトヨタの主なサプライチェーン途絶の事例（図表2-1再掲）

	事故名	事故発生時点	トヨタのラインストップ時点	経過
1	東名高速道路日本坂トンネル事故火災（静岡市）	1979年7月11日（水）午後6時25分頃	1979年7月12日（火）午後2時に部分操業へ	トヨタの関東地方のサプライヤー65社の部品供給が断絶した。トヨタの元町工場が12日（火）午後2時より操業停止，高岡工場は部分操業。12日夕方より回復・通常操業再開。
2	台風18号豪雨による中央発條・本社工場浸水（名古屋市緑区）	1991年9月19日（水）早朝	1991年9月19日（木）夜よりほぼ操業停止	中央発條・本社工場はトヨタに車体振動制御部品（板ばね，つる巻バネ，スタビライザー）を供給している。19日夜はトヨタの12工場のうち11工場が操業停止，委託生産の19工場でも休止状態。20日（金）は全面操業停止。21日（土），22日（日）の連休明けより通常操業再開。
3	阪神淡路大震災による住友電工・伊丹工場，富士通テン・神戸工場などの操業停止（大阪府，兵庫県）	1995年1月17日（火）午前5時46分頃	1995年1月19日（木）朝に部分操業夜に全面操業停止	住友電工・伊丹工場はトヨタにクラウン，マーク2などど3車種にディスクブレーキを供給している。富士通テン・神戸工場はトヨタにカーラジオ，カーステレオを供給している。トヨタで19日（木）朝より部分操業停止，同日夜と20日（金）に委託生産工場も含めて29工場で操業停止。連休明けの23日（月）に通常操業再開。
4	アイシン精機・刈谷第1工場火災（刈谷市）	1997年2月1日（土）午前4時10分頃	1997年2月2日（日）休日3日（月）部分操業停止，4日（火）ほぼ全面操業停止	トヨタはアイシン第1工場のブレーキ・クラッチ関連の3部品（タンデムマスターシリンダー，クラッチマスターシリンダー，プロポーショニングバルブ）に約8～9割依存していた。2日（日）の連休を経て，トヨタは3日（月）に委託工場を含め20工場の30ラインのうち11工場22ラインを操業停止。4日（火）と5日（水）はダイハツ池田工場の1ラインのみ操業。6日（木）はトヨタの田原工場の1ライン，日野自動車羽村工場の1ラインを追加して3ラインで操業。7日（金）より通常操業再開。
5	東海豪雨による東海理化・西枇杷島工場浸水と交通網分断（現清洲市）	2000年9月11日（月）夕方	2000年9月12日（火）午後4時より操業停止	トヨタはスイッチ類を東海理化・西枇杷島工場に依存していた。12日（火）はトヨタの委託生産工場も含めて24工場で操業停止。13日（水）夜より通常操業再開。

第5章　非常事態におけるトヨタの被災サプライヤー支援　*109*

6	新潟県中越沖地震によるリケン・柏崎工場の操業停止（柏崎市）	2007年7月16日（月）午前10時13分頃	2007年7月19日（木）夕方より全面操業停止	トヨタはリケン・柏崎工場にピストンリングを依存していた。 トヨタは19日（木）夕方より委託生産工場も含め全工場の全面操業停止。週明け23日（月）より通常操業再開。
7	東日本大震災	2011年3月11日（金）午後2時46分頃	2011年3月14日（月）全面操業停止	トヨタ自動車東日本・岩手工場，大衡工場，大和工場で一部設備が破損。サプライヤー659拠点が被災，1,260品目の調達に支障が生じた。 3月28日（月）から堤工場およびトヨタ自動車九州で部分的に車両生産再開。4月11日（月）からセントラル自動車相模原工場で生産再開。4月18日（月）から27日（水）にかけて国内全工場で通常の5割程度の稼働率で生産を再開。7月，国内工場の生産が正常レベルに回復。
8	タイ大洪水	2011年8月〜12月	2011年10月10日（月）1直から操業停止	トヨタの現地生産・販売会社トヨタ・モーター・タイランド（TMT）は洪水被害を免れたが，多数のサプライヤーが浸水。そのため10月10日（月）から車両工場の稼働を停止。11月21日（月）にTMTの車両生産を再開。 タイからの部品供給が滞ったため，10月24日（月）から日本国内の車両生産工場の稼働時間を調整。11月21日（月）に通常の稼働レベルに回復。
9	愛知製鋼・知多工場爆発事故	2016年1月8日（金）午後11時40分頃	2016年2月8日（月）から操業停止	トヨタは，愛知製鋼から特殊鋼部品を調達。 トヨタは，2016年2月8日（月）から13日（土）まで国内のすべての車両組立工場の稼働を停止。そのうち2月8日はユニット工場を含むすべての国内工場を停止した。
10	アドヴィックス・刈谷工場爆発事故	2016年5月30日（月）午後12時3分	2016年5月31日（火）夜から一部工場で操業停止	トヨタは，アドヴィックスからブレーキ部品を調達。 5月31日（火）よるから高岡工場など4工場14ラインで操業を停止。翌6月1日（水）朝からは元町工場など9工場14ラインで車両生産を停止。6月2日（木）から全ラインで生産を再開。

出所：1〜6までは塩見（2011）の表13（p.105）からの転載。7〜10は，トヨタ自動車，愛知製鋼，アドヴィックス各社のニュースリリース，『日本経済新聞』，『産業経済新聞』より目代武史氏（九州大学）作成。

また生産復旧については，あくまで被災サプライヤーや拠点の生産復旧が一義的であり，その結果がトヨタ（サプライチェーン）の生産復旧につながると考えられている。これは複数の納入先を有するサプライヤー等が被災した際に，短期的に自社の都合を優先した支援を行うことによって支援先との信頼関係が毀損することを避けるためでもある[7]。

4-2. サプライチェーンの頑健性確保の取り組み

過去の被災事例のうち，阪神淡路大震災，東海豪雨，アイシン刈谷工場火災，中越沖地震では，主に1次サプライヤーの生産拠点が被災することで，トヨタは関連部品の調達に支障をきたした。これに対し，東日本大震災では広域かつ多数のサプライヤーが2次以下を含めて被災し対応を迫られた[8]。一般に，自動車産業においては，完成車メーカーは，1次サプライヤーの生産能力や工程情報は把握しているが，その先の2次以降のサプライヤーについては限定的な情報しかもっていない。2次サプライヤーは1次サプライヤーが，3次サプライヤーは2次サプライヤーが管理するという具合に，階層的に管理されているために，完成車メーカーの立場からは，サプライチェーンの末端に行くほど情報が見えにくくなっている（藤本 2011）[9]。東日本大震災では，トヨタにとってサプライチェーンの末端にあたる2次以下のサプライヤーの被災実態の把握が遅れ，本格復旧に時間を要する結果となった。サプライチェーンの可視化が大きな問題となったのである。

こうした反省のもとで，トヨタは，東日本大震災以降，日本生産の部品・資材について，全ての1次サプライヤーに対し，彼らの仕入れ先である2次以下のサプライヤーの情報開示を依頼，約4,000品目，30万拠点からなるサプライチェーン情報システム（RESCUE：REinforece Supply Chain Under Emergency）を構築している[10]。これによって現在では，2次以下のサプライヤーを含め，単独拠点での生産となっている品目や代替生産のきかない特殊品目等の洗い出しや，被災時の影響調査が即時に行えるようになっている。東日本大震災を契機に，トヨタでは直接的な取引相手である1次サプライヤーだけでな

く，2次以下を含めたサプライチェーン全体での頑健性（Robustness）が実質的にも強く意識されるようになったのである[11]。

　加えてサプライチェーンの頑健性を確保するための取り組みも強化されてきた。主なものとしては以下の3つである。第1は，事故等を「未然防止」する取り組みである。説明するまでもなく，全ての基礎として最も重要な取り組みであろう。第2は，事前の「代替生産（バックアップ）」の確保である。ここでの基本的な考え方は，まず発注しているサプライヤー社内で生産拠点を複数拠点化できないかを考える。サプライヤーの商権なり生産を尊重するためである。もし複数拠点で生産ができないのであれば，汎用性をもたせた設計ができないかを考える。一極生産でなくてもよいような汎用性をもった設計の取り組みである。そのうえで，サプライヤー社内で対応できない場合は，他者（複社）発注で代替生産ができないかを考える。あわせて必要最小限の在庫を確保することも代替手段として認識されている。

　第三は，「復旧力の強化」である。事前対応として，災害等の非常事態においても，建屋や設備がなるべく壊れないようにする。あるいはダメージを受けても早く修復できるようにする。また，過去の復旧対応を踏まえたマニュアルの整備，標準化を進めるとともに，復旧に必要な設備や部材手配の所要期間をいかに短くするか，あるいは物流網の見直し・整備といったことも取り組まれてきた[12]。もっとも「未然防止」を強化し「代替生産」を確保していても，それらも含めて被災してしまえば，事前の準備の努力も水泡に帰す。非常事態には何が起こるか想定しきれないところも多い。復旧力とはこうした事態における問題解決能力にほかならない。このためトヨタでは，復旧力を強化するためには，不測の事態に直面した際に，現地現物主義を踏まえて，自らで正しい判断のできる人材育成，組織づくりこそが重要であり，こうした人材や組織は日々の改善活動の中で培われていくと考えられている[13]。

5. 被災サプライヤーの復旧支援の実態

5-1. 途絶したサプライチェーン

第3章において詳細に見たとおり，2016年4月に発生した熊本地震発生時，アイシン九州（AIK）の被災によって，トヨタの国内組立ラインは九州から東北の広域にわたって大半が稼働停止を余儀なくされることになった（図表5-2）。AIKが車体部品やエンジン部品をトヨタ自動車九州（本社：福岡県宮

図表5-2　組立ラインの稼働停止状況

①トヨタ

工場（ライン）	停止時期	再開時期	工場（ライン）	停止期間	再開期間
堤（1，2）	4月19日1直	4月25日1直	元町（LFA）	4月19日1直	5月6日1直
高岡（2）	4月19日1直	4月26日1直	元町（1）	4月20日1直	5月6日1直
高岡（1） 田原（1）	4月19日1直	4月28日1直	田原（3）	4月20日1直	4月26日1直

②関連車体メーカー

メーカー名	稼働停止状況
トヨタ九州	宮田第1，第2工場が4月18日1直に停止，5月6日1直にて再開。
トヨタ車体	いなべ第1，第2，富士松第1，吉原第1，第2工場が4月19日1直に停止。富士松第2が4月19日2直で停止。富士松第2は4月27日1直にて再開。富士松第1，吉原第1，第2は4月28日1直に再開。いなべ第1，第2は5月6日1直にて再開。
トヨタ東日本	東富士工場が4月19日1直にて停止。岩手第1，宮城大衡工場が4月22日1直にて停止。東富士工場；岩手第2は4月25日1直，岩手第1，宮城大衡工場は4月26日1直にて再開。
豊田自動織機	長草301,302ラインが4月19日1直にて停止。302ラインは4月25日1直，301ラインは4月28日1直にて再開。
岐阜車体	4月19日2直にて停止。5月6日1直にて再開。
日野自動車	羽村第1工場が4月19日2直にて停止。羽村第2工場が4月20日1直にて停止。羽村第2工場が4月28日1直，羽村第1工場が5月6日1直にて再開。
ダイハツ工業	京都工場が4月20日1直にて停止。4月27日1直にて再開。

(注) 4月29日〜5月5日は休日扱いである。
出所：トヨタプレスリリース4月17日付，4月20日付，4月27日付を参考に筆者作成。

若市，トヨタ九州）に供給していただけでなく，トヨタ本体の国内組立拠点に対しても，ドアチェックを実質独占供給していたためであった。こうした中で，AIKは被災した自社工場から，トヨタグループ各社や親会社であるアイシン精機の生産拠点等（九州内7か所，愛知県内7か所）に，自社の生産設備を移設，生産人員も派遣することで部品供給を再開（代替生産），トヨタのサプライチェーンへの影響を最小限にとどめた。甚大な被害状況，地域や組織を越えた前例のない大規模かつ想定外の代替生産の実施にもかかわらず[14]，トヨタ（関連車体メーカー含む）の組立ラインの実質的な稼働停止期間を5日間程度にとどめることができた[15]。この代替生産は，AIKの建屋と設備の修復が完了した8月中旬までの4か月にわたって実施された。

5-2. 支援チームの派遣と受け入れ

　迅速な代替生産が可能になった要因には，アイシン精機による全面支援とあわせて，トヨタから派遣された支援チームの存在があった。とりわけ代替生産が開始されるまでの初動局面において，トヨタの支援チームの果たした役割は大きい。関係者の地震発生直後の初動を見ていこう。4月14日夜半の前震発生を受け，アイシン精機では本社対策本部（本部長：岡部均副社長）を設置し，設備，保全，プラントエンジニアリング，生産管理，調達，人事等の担当者12名で編成した復旧支援隊のAIKへの派遣決定，翌15日には現地入りさせている。次いで，現地対策本部のサポート要員として2名の常務役員を派遣するとともに，水や食料などの緊急物資の輸送を開始した。被災したAIKでは前震を受けて即時操業停止，工場構内を立ち入り禁止とする一方で，本社対策本部と連絡を取りつつ，4月15日朝に高橋寛AIK社長を本部長とする現地対策本部を立ち上げ，本社対策本部とテレビ電話回線で結んで対応にあたることとなった。

　一方トヨタでも，前震の発生を受けて4月15日に熊本地震対策本部を設置，アイシン精機の本社対策本部とあわせて，熊本の現地対策本部への支援人材の派遣を決定，16日に熊本入りさせている。トヨタから熊本の現地対策本部に

派遣された支援チームは，プラントエンジニア，生産技術，人事，IT分野の6人程度のメンバーで構成された[16]。派遣されたメンバーは，支援チームリーダーの星野豪志氏（ボデー部品調達部第1ボデー部品室長）を筆頭として，東日本大震災や新潟中越沖地震で被災したサプライヤーの復旧支援や，熊本地震の直前に発生した愛知製鋼知多工場爆発事故[17]による復旧支援に取り組んだ，非常事態対応経験の豊富な人材であった[18]。星野氏が率いるトヨタの支援チームは高橋寛AIK社長，アイシン精機から派遣された常務役員とともに，現地対策本部の運営に深く関与していくことになる。

　現地対策本部は，アイシン精機，AIK，トヨタ等の組織をまたがる多様な人材が混在するプロジェクトチームとして構成されることになったが，トヨタの支援チームの受け入れや運営に当たっては，組織間信頼の存在が基盤となった。支援チーム自体は，アイシン側の直接的な要請を受けて，現地入りしたものではなかった。トヨタの判断として派遣されたものである。これに対してアイシン側は当然のように支援チームを受け入れ，トヨタの非常事態対応に関する知識を積極的に活用しようとした[19]。これはアイシン側の主力取引先でありかつグループ盟主たるトヨタへの忠誠だけでなく，組織間信頼の存在に加え，平常時の組織間学習を通して組織ルーチンの一体化が進んでおり，被災現場レベルでも相互に「違和感」が少なかったためであったと考えられる[20]。

　この点は，東日本大震災で被災したルネサスエレクトロニクス那珂工場の支援事例と比べると大きな違いとして指摘できる。車載マイコンを生産していた同社には，完成車メーカー各社が合同支援チームを結成，生産復旧支援に当たった。この合同支援チームの中心的存在であったトヨタの好田博昭氏は，「最初はR社（ルネサスエレクトロニクス）に支援を受け入れてもらえず，最終的には受け入れを承諾してもらえたものの，「各社2名程度」という指定があった」「最初に「各社2名程度」と指定されたのは，R社の強い抵抗感の表れであり，実際R社に到着した初日は冷ややかな視線を感じた。そこで，まずはR社の信頼確保の必要があると考えた（藤本・加藤・岩尾 2016）」と証言している[21]。非常事態においては，「半日が多分普段の2週間，3週間くらいの時

間の流れにあたる。1日変わると景色というか状況が変わる。半日判断が変わるだけで，2週間くらいの影響が出てしまう（星野氏）」。復旧に当たっては，いかに早く状況を把握し，いかに早く対応を決定し，いかに早く行動に移すかが求められる。この点からも組織間信頼の有無が支援活動を展開するにあたって，非常に大きな意味をもっていることが理解できよう。

5-3. 支援チームの役割と魔法の棒

　4月14日の前震発生の時点では，AIKの建屋，設備に致命的な損傷はなく早期の現地での生産再開が可能と考えられていたが，4月16日未明に起きた本震によって建屋，設備ともが大きな被害を被った。現地対策本部では，状況が一変し混乱を極める中，トヨタの支援チームも交えて，4月16日夜明けから工場内の被害状況の確認を進めた結果，「AIKでの生産継続は難しく，型や設備を引き出して代替生産するしかない」と判断，その判断を全面的に尊重したアイシン精機トップの決断により，被災ラインから製品だけを他の既設ラインに移管する「肩代わり型」や，設備も移設する「設備移設型」ではなく，被災ラインの設備と人員による「ライン移設型」の代替生産を決断，生産復旧に向けた取り組みが進められていくことになった。現地対策本部では，代替生産に備えたAIKからの生産設備の搬出，人員の管理，九州内の代替生産先，サプライヤーや取引先との交渉を行うことを，初動として求められることとなった。なお，このトップによる代替生産の早期決断（そして時期を限定した生産引き戻しの決断）が，グループの総力を結集した今回の復旧活動の大きな原動力になったことは，第3章でも指摘したとおりである[22]。

　代替生産の対象となった品目は，九州地区で37ライン分184品番，愛知県内で46ライン分262品番，総計83ライン446品番にものぼった。これらの代替生産のためにAIKからは九州地区の代替生産先に79設備，214型が移設され，愛知県内にも143設備，113型が移設された。トヨタ本体の操業停止原因となったドアチェックについては，熊本県内に移設先を確保，4月17日には設備の搬出・搬入を開始，4月23日には代替生産を開始している。主力のト

ヨタ九州向けの車体部品等についても，代替生産先での工程整備，トライ，品質・出来高確認を経て，順次生産を開始していった。パワースライドドアについては4月26日から，シート部品は4月29日から，サンルーフやドアフレームは5月2日から代替生産を開始している。この結果，5月6日の連休明けの時点では，全ての取引先に対して通常納入を行える体制を構築した。これにより，トヨタ九州を含め，トヨタグループの全ての国内完成車組立ラインが通常稼働に復帰することとなった。

　これらのAIKの代替生産に向けた初動対応にあたっては，AIK関連従業員400名余りに加えて，ピーク時にはアイシングループから約350名，トヨタをはじめとして得意先，調達先等から約250名の1,000名体制で行われた[23]。先行研究でも指摘された人的資源の集中投入が熊本地震の被災対応でも確認される。この中にあって，トヨタの支援チームは，アイシン側の代替生産によって部品供給が再開し，途絶したサプライチェーンが復旧するまでの初動局面において，現地対策本部において主導的役割を担った[24]。現地対策本部長であった高橋寛AIK社長は，支援チームについて「彼らは本当に（非常時対応の）プロ」と評価したうえで，現地対策本部の初動運営について「トヨタとアイシンも日々連絡を取るのに一つになってやらないといけない」ことから，「トヨタさんに全体を仕切ってもらった」としている。またアイシン精機から派遣されていた梅村常務役員も「アイシン側の中ではいろいろ言いたい事があっても，一応得意先さんになるのでトヨタには言えないようなことを，星野さんが代弁してトヨタ本社に言っていただくとか，そういうケースも多々あり，現地側は一体となった活動となっていた」という。

　星野氏は支援チームの役割として，途絶したサプライチェーンを復旧するため，被災サプライヤーと一体となり，被害実態の把握と復旧リードタイム（スケジュール）づくりを行い，復旧プロセスをより早く確実に進めるために障害となる要因を取り除くことをあげている。ここで特筆すべきは，トヨタにおける支援チームリーダーの役割と大きな権限である。星野氏によれば，支援チームのリーダーは，トヨタとしての「見極め役」的な位置付けであり，支援の進

め方，さらには撤退の時期，方法を含め，トヨタ本社からは一任される。また「魔法の棒」のような権限が与えられ，自らの判断でトヨタ本社に対して必要な人的資源，物的資源を要求することができる。このことは被害状況に直面する現場に全ての判断を一任し，本社は口出ししないことが原則となっていることを示している。その意味において，支援チームリーダーは，藤本隆宏氏の言う製品開発におけるいわゆる重量級（heavyweight）クラスのマネージャーにも匹敵する存在といえよう（藤本・クラーク 2009）。こうしたリーダーへの大きな権限付与は，非常事態の対応においても，トヨタが重視する現地現物主義が徹底されているものと理解できる。トヨタの支援チームの活動は，豊富な経験，蓄積してきた知識・ノウハウだけでなく，こうしたリーダーのもつ絶対的な権限によって，実効性が担保されていると考えられる。

5-4. 大部屋と見える化によるマネジメント

　プロジェクトチームである現地対策本部のマネジメントにおいて重視されたのが，指揮命令系統の一元化の徹底と，「大部屋」と「見える化」による情報の共有化である。被災エリア（ライン）ごとに実態把握，作業指示を行う責任者を選定するとともに，本部からの指揮命令系統が一元化された。全体ミーティングの場でも，指揮命令系統に含まれない人間が個別指示を行うことを禁止するとともに，こうした指示に対応する必要はないと認識させることを徹底した[25]。

　現地対策本部では，所属組織や担当（機能）に関わらず，全員が仮設で設置された仕切りのないプレハブ一棟（「大部屋」）に集められた。大部屋では，毎日，朝と昼に全体ミーティングが行われ，エリアごとの責任者が作業の進捗状況について報告，遅れがあると都度挽回に向けた対応が検討された。また大部屋の壁には，「一に人命，二に地域貢献，三に生産復旧」という基本方針に加えて，「早め，多めの手配」等のスローガンが掲げられた。後者については，トヨタグループの平常時の「必要なもの必要な時に必要なだけ調達する」という価値判断基準に対して，例え重複が出たとしても時間を最優先するという非

常事態における価値判断基準を明確にするためのものであった[26]。さらに大部屋の壁一面には，エリアごとで，今何が起きているか，課題は何か，今後どう対応する方針か等の進捗情報を貼り出し，誰もがいつでも視覚的に状況を把握できる「見える化」が進められた[27]。

　この大部屋や見える化も，トヨタからの支援チームの主導で進められたものであった。高橋寛AIK社長によれば，トヨタの支援チームからは4月16日に来社した第一声で「とにかくプレハブの部屋を作ってくれ」「そうしないと仕事が始まらない」と言われ，翌17日には仮設で設置したと証言する。この点について，星野氏は「高い目標を設定して，そこにネックを見えるようにして，そのネックは自分だけで潰すのではなく，全員の総力を挙げて潰していくことでリードタイムを短縮していく。非常事態でもマネジメントの基本は一緒」「各機能がバラバラではなくて，力を結集して相乗効果を出していくとなると，大部屋が必要になってくる」「（大部屋があると）困ったときにみんながそこに来る。困ったときに誰か頼れる人がいるという居場所を作らないと，一人で抱え込んでしまう。どうやって皆で助け合うかが（復旧を迅速化する）勝負になる。」ため依頼したという。また見える化について，「通常だと3か月かかるものを1週間でやるとすれば，どうやるのか，何がネックになるのか，それをつぶすためにトヨタやアイシンがグループで持っている力をどう使うのか，それを効率的に使っていくためには，見える化によるマネジメントが必要。それが（非常事態という）環境でできるかどうかが復旧では重要になってくる」と指摘する。他方受け入れ側は，大部屋化で「何が起こっているのかがすぐにわかるようにな（梅村アイシン精機常務役員）」り，大部屋の中では「必ずチーム毎に看板を立てかけて，今どういう進捗になっているというのを「見える化」をしていたので，聞けない時でも紙を見に行くとほかのチームの状況が大体分かる。それを見ながら（仕事を）受れれる（高橋寛AIK社長）」ことが，復旧作業を迅速化するために非常に重要な要素であったとしている。

　このように現地対策本部のマネジメントを見ると，確固たる組織間信頼と大きな権限をもったリーダーの下で，指揮命令系統の一元化により被災現場の混

乱が統制された。さらに大部屋や見える化による情報の共有を進めることで，組織成員に各自の置かれた状況についての共通の理解を深めさせ，組織成員の保有する知識の相互移転を促し，これを活用した作業の効率化，資源の集中等が図られた。

5-5. アイシングループの組織能力

　非常事態においては大小さまざまな問題が発生する。多岐にわたりかつ錯綜する問題を迅速に解決していくためには，組織成員各自が主体的かつ能動的に行動する組織風土や組織能力が不可欠である。情報を共有し，知識の移転を進め，これを活用する能力が揃うことで，サプライチェーンの早期復旧が可能になる。言うまでもなく途絶されたサプライチェーンの早期復旧に当たっては，過去の被災事例と比較しても，被災側のアイシングループの復旧力の向上が大きく寄与している。

　刈谷工場火災時には，代替生産の開始前はもとより，開始以降，自社工場への生産引き戻しに際しても，トヨタに依存する側面が強かったが，今般のAIKの生産復旧対応ではトヨタの支援チームの引き上げ後，代替生産の開始から稼働，そして生産引き戻しの各段階における具体的な活動は，第3章で見たとおり，全面的にアイシン精機が主導して行っている。被災時の初動を見ても，刈谷工場火災時には「危機発生直後の数日間，アイシン精機は極度の混乱状況にあり，連絡もままならなかった。情報があちこちで錯綜し混乱をきたした（中略）外部からの問い合わせ件数が膨大で，ただただ同社の応答能力を圧倒した。関連企業のいたるところで，怒号が飛び交い，険悪な空気が流れた」[28]という状況であった。

　これに対して，熊本地震時には，九州での地震発生を知ったアイシン精機では，事前の手順に従い岡部副社長を本部長とする対策本部が間髪を入れずに立ちあげられ，関連従業員の安否確認や被害状況の情報収集が整然と行われた[29]。また現地側の判断を受け，経営トップによりライン移設型の代替生産も即断された。AIKでは自宅が損壊する等被災した従業員の多くが，自らの判断で初

動対応や復旧工事に駆け付けた。さらに代替生産先では，異常個所や監督の呼び出しを判断するための「アンドン」がないなど不便な作業環境であったが，出向したAIKの従業員たちは手作りの複数のプレートをスライド表示させることで代替とするなど，非常事態においても積極的な改善を展開，その生産水準につき被災前を上回るまでに向上させた。

星野氏も「僕らもいろいろな企業さんを支援してきたが，やっぱりアイシンさんの動きは，同じグループだから言うわけではないが，抜群。それは同じグループだから日ごろ一緒に住んでいて阿吽の呼吸で分かるというだけじゃない。一人ひとりの個の力がアイシンさんにはある」。「一人ひとりが考えて行動していくので，他のメーカーさんだと一つ一つ丁寧に指示しないといけないのが，アイシンさんの場合は，フレームワークを作れば，各自が問題意識をもって動いていく。それがボトムアップの一つの強さだと思う。誰かが怪我したら危ないとなったら，誰かが怪我するマップを作ったり，救急の部屋を作ったり，誰かが洗濯で困っていたらクリーニングのシステム作ったり。一言えば十をやる。他のメーカーさんだと，十言えば九（にとどまってしまう）。」と，アイシングループの組織能力の高さを証言している[30]。こうしたアイシングループの組織能力は復旧力の基盤となるものといえるが，非常事態に備えて特別に形成されたものではない。過去の経験や平常時の自主研究会活動等の組織間学習や改善活動を通して培われてきたものであろう。

6. 小括

第3章では，熊本地震で被災したAIKの生産復旧の取り組みについて，藤本隆宏氏（藤本 2012）の示したサプライチェーンの頑健性に関する4つの要素からなる分析枠組みを用いながら考察した。ここでは，特定サプライヤーへの依存度の高さと代替可能性の低さがサプライチェーンの途絶を招いたものの，サプライチェーンの可視性が高く，生産がいわゆる「根の生えた設備」によるものでなく可搬性が高かったことが，迅速な代替生産（ライン移設型）を可能

にしたことを指摘した。またアイシングループの非常事態対応の復旧力が向上していることとあわせて，初動時におけるトヨタからの支援チームの存在が，途絶したサプライチェーンの早期復旧を果たすうえで重要であったことを指摘した。本章はこのトヨタの支援チームの活動に焦点を当てながら，サプライチェーンが途絶するような非常事態において，組織間で信頼がいかに機能し，知識や経験がいかにして移転（活用）されるのか，また組織マネジメントはいかに行われるのかについて，主に組織間の信頼と学習の視角から考察した。

　最後に，ここまでの議論を振り返ることでまとめとしたい。第1に組織間信頼の重要性である。非常事態対応においては，さまざまな問題をいかにして迅速に解決していくかが求められる。組織間信頼の存在は，機会主義的行動を抑制し，組織間の調整コストを節約する。非常事態においては「半日判断が変わるだけで，2週間くらいの影響が出てしまう（星野氏）」ものであり，組織間信頼はきわめて大きな価値を有している。

　第2に平常時の組織間学習や改善活動により形成される問題解決能力が，非常事態に必要とされる復旧力の基盤能力となることである。それゆえ組織間関係全体でサプライチェーンの頑健性を評価するためには，平常時から組織間関係を構成する個々の組織成員レベルでの問題解決能力の格差に留意することが必要であろう。

　第3にトヨタグループの非常事態対応においては，トヨタは組織間関係の中でプロジェクトチームを組成し，組織間関係の有する経営資源を最大限活用すべく，大きなリーダーシップを発揮することである。その際，トヨタからは非常事態対応に関する豊富な知識と経験をもった支援チームが派遣され，支援チームが結節点となって必要とされる知識の移転や資源の集中投入が進められる。

　第4にトヨタにおける支援チームのリーダーの役割と大きな権限付与である。リーダーには，トヨタ本社に対して独自判断で人的，物的資源を要求できる大きな権限（「魔法の棒」）が与えられ，これによって支援の実効性が担保されている。

第5に非常事態の組織マネジメントにおける情報共有の重要性である。組織や職種も異なる混成部隊のプロジェクトチームのマネジメントにおいては，平常時以上に，指揮命令系統の一元化とともに，「大部屋」や「見える化」による情報の共有化を進めることが，必要な知識の移転・活用を行ううえで不可欠である。このことは非常事態において「大部屋」が組織間学習の場として機能することも意味している[31]。

（注）

1　例えば，アイシンからは当該部品の設計図面や仕様指図書，鍛造ブロックが提供されたが，仕様指図書には技術詳細情報が欠けていた。またアイシンでは専用のトランスファーマシンと特注のドリルを用いた生産が行われていたが，代替生産に参加するサプライヤーは，自社の汎用設備での生産を行う必要があった。

2　例えばデンソーはアイシンが提供した仕様指図書と工程指図書をマシニングセンターに適合したものに修正し，アイシン経由で他の代替生産に協力するサプライヤーにも提供した。

3　自主研究会活動は，トヨタが主催する生産性と品質の向上に関するサプライヤーの共同学習活動である。サプライヤーが相互に助け合いながら，品質改善，リードタイムの短縮，在庫削減といった共通する課題を解決することが目指されている。

4　アイシン刈谷工場火災事故以降に，トヨタは1次サプライヤーを対象に1997年1月から3月まで購入部品価格を一律に1％値上げした。これにより，代替生産に協力した部品メーカー，トヨタの操業停止によって間接的に被害を被った1次サプライヤーに対して逸失利益を実質的に補償した。ホイットニー他（2013）もこの点に着目し，事故に見舞われた企業（アイシン）に対し，競合の部品メーカーや顧客企業が機会主義的な行動をとらなかったことが，迅速な復旧に寄与したと評価している。

5　トヨタの取り組みについては，アイシン九州の現地対策本部で支援にあたったトヨタ自動車ボデー部品調達部第1ボデー部品室長星野豪志氏，同資材・設備調達部設備室IT・プラント設備グループ長正岡修二氏へのインタビュー内容に基づくところが大きい（2017年10月16日実施）。

6 アイシン九州の生産復旧において，アイシン精機の本社対策本部でまず確認されたのもこの原則であり，トヨタグループとしても共有が進んでいることがわかる。

7 東日本大震災で被災したルネサスエレクトロニクスの業界横断チームでの生産復旧支援においても，トヨタ主導で，自社都合を優先する支援者は徹底排除されたという（藤本・加藤・岩尾 2016）。星野氏も「僕ら（トヨタ）も生産はあるが，（被災した）会社が抱えている取引先が，どのお客さんを優先するか，その議論の中には入っていかない。また先方が隠したい情報はこちらから取りにはいかない」という。

8 阪神淡路大震災では富士通テン（現デンソーテン）神戸工場，住友電工伊丹工場等，東海豪雨では東海理化西琵琶工場，中越沖地震ではリケン柏崎工場が操業停止し，これらの1次サプライヤーの工場で生産していた部品調達に支障をきたした。一方で東日本大震災では，2次以下を含むサプライヤー659拠点が被災し，1,260品目の部品調達に支障をきたした。

9 実際東日本大震災の際には，トヨタから見て1次サプライヤー段階では複数社発注をしていても，2次以下のサプライヤー段階では特定のサプライヤーに発注が集約されている，いわゆる「樽型」の調達事例も少なからず存在した。

10 重複分を名寄せすると約13,000社，30,000拠点となる（藤本・加藤・岩尾 2016）。

11 アイシン精機でも「2次，3次だけでなく，5次，6次くらいまでは全部は調べていて，場所など全部把握している。素材まで全部追えるようになっている。すごい勢いで東日本大震災以来レベルアップしている。いまは集中豪雨がありましたとか，部分的な地震がありましたとか，そういった事態があると，30分後くらいには（被災の可能性のある）対象があるかないかはすぐ出せるようになっている（アイシン精機岡部均副社長）」（2017年4月6日インタビューより）。1次サプライヤーレベルでの整備・活用も進んでいる。

12 例えばトヨタ資材・設備調達部設備室では，非常時の復旧支援対応マニュアルを作成するとともに，協力企業の有する支援スキルをまとめた支援依頼先リソースシートをまとめている。

13 星野氏は，復旧力について「それぞれが課題を面知（めんち）したときに，きちっと物事を自分で考えて，対応できるかという改善力に所以するところがある。そうするとここの改善力を普段から鍛えておくかがカギとなる」。また「トヨタグループでは，普段から自主研活動とかいろいろな活動をやって，改善も

追い込みながらやっている。改善というスキルだけでなく，追い込まれた環境のなかでいかに自分を発揮するかという面での改善の方が，震災などの危機においては効力を発揮する」という（2017年10月16日インタビューより，以下同じ）。

14 アイシン精機の2017年3月期連結決算によれば，AIK及びAIKCの建屋・生産設備の復旧費用，AIKの代替生産に伴う設備移設費用，人件費，物流費用の増加等を含んで，今般の熊本地震に伴うアイシングループの被害総額として103億円が計上されている。

15 なおAIKが車体部品やエンジン部品を供給していたトヨタ九州の実質的な稼働停止期間は10日間である。

16 本章では，この支援チームの現地活動を通して，トヨタによる被災サプライヤーの支援について考察していく。支援チームのメンバーは一部入れ替わりがあったものの，派遣時から撤退まで大きく変わっていない。支援チームメンバー以外にも，トヨタからは多くの人員がAIKの支援に加わっているが，基本的には支援チームの要請に基づくもので，その指揮命令系統にあった。なお，トヨタはこうした現地支援以外にも，代替生産の場所としてグループ他社拠点の斡旋等を行っている。

17 愛知製鋼は，2016年1月8日にエンジンや変速機向けの特殊鋼部品を製造していた知多工場（愛知県東海市）で操業停止を招く爆発事故を起こした（3月21日生産再開）。この事故の影響でトヨタの全国内車両組立ラインが，関連部品の調達難から，2016年2月8日から13日までの6日間にわたり稼働停止を余儀なくされた。

18 星野氏は「各部署からだいたい行くメンバーが決まっている。調達だったこういう人ということがあらかじめ決まっている。その後に一緒に行く人を増やしながらやっている。最初は目利きとかやらないといけないので，ある程度経験になる。そういうのは大体あの人だねというのが不文律で決まっている」という。

19 高橋寛AIK社長は，支援チームには全ての情報を公開したうえで，AIK・アイシン側の立場でトヨタの調達部門等とも交渉してもらう等，「全幅の信頼」を置くことができたとしている（2017年2月17日インタビューより）。

20 星野氏は「アイシンさんとは心中の関係であり」「違和感はね，アイシンさんとかはないんですよ。それはやっぱり日頃の活動の阿吽の呼吸です。日頃から一緒になっていろんな活動をしているから。多分アイシンさんもトヨタの扱い，

上手にトヨタを使うところや引くところがやっぱり長けている。僕らもそれを理解しているから上手くいく。それはやっぱり日頃からのクセが分かっていることが大きい」という。

21 星野氏と正岡氏も，好田氏の下で合同支援チームに加わっていたが，同様に「向こうの調達と僕らの調達が最初は折り合わず」「ルネサスは，最初入るのは大変だった」という。

22 星野氏も「最初にきちんと状況をアセスしながら，今ある情報でいかに早く判断を下すかというところで，アイシンさんの場合は伊原社長という大きなディシジョンメーカーがいた」「その判断をベースにして，あとの対応をいかにスピードアップするのかという部分」が自分たちの仕事であったとしている。

23 被災したAIK子会社のアイシン九州キャスティング（AIKC）への支援要員も含む。AIKCの被害は比較的軽微であったことから，自社工場での早期生産復旧が選択された。

24 星野氏は「基本的には（アイシン精機から派遣されている常務役員の）小山さんとか梅村さん，（AIK社長の）高橋さんに，自分の過去の経験とかも入れながらこういう風にやったほうがいいんじゃないですかって言っていた。その中でいろんなノウハウを出して運営していこうとした」という。なお，星野氏は4月16日に着任し，代替生産に目途のついた5月9日に帰任した。

25 例えば，代替生産の実施に不可欠であった金型や設備の搬出については，トヨタの正岡修二氏が総責任者となり，作業にあたるエリア毎の責任者に直接指示を行う体制をとった。当初は指示責任者が明確でなく，復旧作業者に対して，各人がバラバラに指示を行うことで，現場が混乱，安全上も危険な状態であったという。

26 星野氏は「ああいったときは，やっぱり貼りださないと，いろんな文化のいろんな人がいて，いろんな思いで走っても，効率が悪くなる。きちんと言葉を合わせること，言葉でなるべくビジュアルにして主観的に分かるようにすること，あとは変に言葉の意図が間違われないようにすること，きちんと何が優先順位かが分かるようにすることが重要」と指摘する。

27 東日本大震災時のルネサスエレクトロニクスの復旧支援でも，トヨタから派遣された好田氏の下で，合同支援チームは「大部屋」で運営され情報の共有が進められた。また壁一面に製造装置の修復スケジュールを貼り出す見える化が行われた（藤本・加藤・岩尾 2016）。

28 西口（2007）p.137

29 アイシン九州では前震の前日（4月13日）に大規模地震対策会議を開催，それ
   までの地震対策組織を見直し，災害発生時に対策本部長を指名する権限を持つ
   CRO（Chief Risk Officer）を決定し，あわせて対策本部長として「緊急参集で
   きる」要件を満たす岡部副社長を決定していた。この体制づくりが本社対策本
   部の立ち上げを円滑にした側面もあろう。

30 星野氏は「日ごろの仕事のやり方などに通じるものがある。僕らも常に十言え
   ば，十二，十三やるような仕事のやり方で日ごろの生産性向上を追求している。
   そのために十二，十三出すためのマネジメントのやり方もある。先の情報を見せ
   てやって，こうゆうことをやりたいという情報をきちんと提供してやりながら，
   あとは十二，十三出せよというのが日ごろの訓練でもある。それを日ごろやって
   るやってないというのが，ああいう局面（非常事態）で企業体質や日ごろ抱え
   た問題として一気に出てくる」とも指摘する。

31 本研究にあたっては，JSPS科研費課題番号JP17K12617並びに同課題番号
   JP17H02007の助成を受けている。

【参考文献】

Barnard, C.I. (1938) The functions of the executive. Cambridge, MA: Harvard University Press

Dyer, J.H. & Nobeoka, K. (2000) Creating and managing a high-performance knowledge-sharing network: the Toyota case. *Strategic Management Journal*, 21(3), pp.345-367

Dyer, J.H. & Singh, H. (1998) The relational view: Cooperative strategy and sources of interorganizational competitive advantage. *Academy of Management Review*, 23(4), pp.660-679

Nishiguchi, T. & Beaudet, A. (1998) The Toyota group and the Aisin fire. *MIT Sloan Management Review*, 40(1), pp.49-59

Simon, H.A. (1947) Administration behavior: Study of decision-making processes in administrative organization. New York, NY: Macmillan

Sako, M. (1991) The Role of Trust in Japanese Buyer-Supplier Relationsips. *Ricerche economiche*, XLV/2-3/4, pp.49-474〔酒匂真理（1998）「日本のサプライヤー関係における信頼の役割」藤本隆宏・西口俊宏・伊藤秀史編『リーディングス サプライヤー・システム：新しい企業間関係を創る』有斐閣，pp.91-118〕

岩尾俊兵・加藤木綿美（2016）「組織間関係における知識共有と危機への対応：トヨタグループの震災対応の事例」『東京大学ものづくり経営研究センター・ディスカッションペーパー』No.491

佐伯靖雄（2011）「ものづくり立国日本の再興と現下の課題：東日本大震災の対応に見る自動車産業のSCMとTPSの考察」『立命館経営学』50(2/3)，pp.57-89

佐伯靖雄（2007）「新潟・中越沖地震からの復興にみた我が国自動車産業の真の強さ」『ROSSI四季報』38，p.4

塩見治人（2011）「トヨタショックの重層的構造：コスト・品質・納期・フレキシビリティーの伝説と現実」『名古屋外国語大学現在国際学部 紀要』7，pp.83-118

西岡正（2018）「自動車産業にみるサプライチェーンの復旧能力：熊本地震におけるアイシングループの取り組みの考察」『商大論集』69(3)，pp.1-29

西口敏宏・A.ボーデ（1999）「カオスにおける自己組織化：トヨタ・グループとアイシン精機火災」『組織科学』32(4)，pp.58-72

西口敏宏（2007）『遠距離交際と近所づきあい：成功する組織ネットワーク戦略』NTT出版

延岡健太郎・真鍋誠司（2000）「組織間学習における関係的信頼の役割：日本自動車産業の事例」『神戸大学経済経営研究（年報）』(50)

藤本隆宏・加藤木綿美・岩尾俊兵（2016）「調達トヨタウェイとサプライチェーンマネジメント強化の取組み：トヨタ自動車調達本部調達企画・TNGA推進部　好田博昭氏　口述記録」『東京大学ものづくり経営研究センター・ディスカッションペーパー』No.487

藤本隆宏（2012）「サプライチェーンのバーチャル・デュアル化：頑健性と競争力の両立へ向けて」『組織科学』45(4)，pp.25-35

藤本隆宏（2011）「サプライチェーンの競争力と頑健性：東日本大震災の教訓と供給の『バーチャル・デュアル化』」『東京大学ものづくり経営研究センター・ディスカッションペーパー』No.354

藤本隆宏，キム.B.クラーク（2009）『増補版　製品開発力：自動車産業の「組織能力」と「競争力」の研究』ダイヤモンド社

D.E.ホイットニー・J.ルオ・D.A.ヘラー（2013）「サプライチェーンの途絶リスクとその復旧パターン：調達の一時的な分散化とその限界」東京大学ものづくり経営研究センター・ディスカッションペーパー，No.434

真鍋誠司・延岡健太郎（2003）「ネットワーク信頼：構築メカニズムとパラドクス」『神戸大学経済経営研究所ディスカッションペーパー』J50

真鍋誠司（2002）「企業間協調における信頼とパワーの効果─日本自動車産業の事例
　　─」『組織科学』36(1)，pp.80-94
真鍋誠司・延岡健太郎（2002）「ネットワーク信頼の構築：トヨタ自動車の組織間学
　　習システム」『一橋ビジネスレビュー』50(3)，pp.184-193

西岡　正

第6章
被災からの
ホンダ熊本製作所の復旧対応

1. はじめに

　2016年4月に発生した熊本地域を震源とする熊本地震では，周辺地域に立地する半導体関連産業や自動車産業等の多くの製造業事業所が被災，全国的にも大きな影響を与えた。熊本県内最大規模の製造業事業所である本田技研工業㈱熊本製作所においても，工場建屋や多くの生産設備が損壊，全面復旧まで4か月半にわたる長期間を要した。

　本章では，本田技研工業㈱熊本製作所の被災状況と生産復旧に向けた取り組みの検証を通じて，大規模災害被災時における我が国製造業の生産復旧パターンに関する知見の蓄積に貢献することを目的としたい[1]。

2. ホンダ熊本製作所の概要

　本田技研工業㈱熊本製作所（ホンダ熊本製作所，熊本県大津町，従業員数約3,500人（研究開発含））は，ホンダの国内四番目の生産拠点として，1976年に操業を開始した。敷地面積1,651,056m^2，建築延べ面積346,273m^{2}と，ホンダの国内事業所のなかで最も広い敷地面積を活かして，大規模なテストコースも有している。

　ホンダ熊本製作所の主力製品は，二輪車と耕うん機や発電機等のパワープロダクツ製品で，エンジンや各部品の鋳造加工から，完成車組立までの一貫生産を構築している（図表6-1）。ホンダの二輪車国内生産は，長らく浜松製作所が250cc超の中・大型車，熊本製作所は250cc以下の小型車を生産する国内二拠点での分業生産体制を構築してきたが，2008年に浜松製作所から中・大型

車の生産移管を受け，同年以降は熊本製作所が国内唯一の二輪車生産拠点となっている。なお今回の熊本地震を契機として，二輪車生産と併産していた軽商用車向けの四輪エンジンは，鈴鹿製作所に生産を移管している。

現在の熊本製作所の二輪車生産は年間約20万台。ピーク時の1990年代前半には50ccクラスのコミューター（COM）と呼ぶ小型二輪車を中心に100万台を越える生産を行っていたが，小型機種の海外移管や90年代以降の国内販売の低迷によって，生産規模は縮小を余儀なくされてきた。現状の生産車種は，嗜好性の高いFUNと呼ぶ中・大型二輪車をメインとしており，仕向地としては国内向け35％と海外向けが65％となっている（2016年度実績）。これに加えて，グループの海外生産拠点向けにKD用の二輪エンジンや焼結二輪部品も供給している。なお，50cc市場が日本国内となっていることから，需要のあるところで生産活動を行う考えから，2015年にはベトナムから50ccのスクーターの生産（3機種）を引き戻し，2017年には日本郵政向けのカブの生産を開始する等，減少の一途をたどってきたCOMの生産に一部であるものの回復の動きも見られる。

図表6-1　ホンダ熊本製作所の主な製品

二輪車 （完成車）	Gold Wing，CB1300SF，VFR800F，CBR1000RR，NC750X，CB400SB，CBR250RR，X-ADV，ジョルノ，モンパル
汎用製品	コージェネレーションユニット，発電機，電動ブレード除雪機

出所：ホンダホームページ（最終閲覧日2017年12月2日）

ホンダでは22か国・34拠点で二輪車の生産を手掛けているが，熊本製作所は二輪車のマザー拠点に位置付けられている。熊本製作所が全ての海外生産拠点の新機種，能力拡大をサポートするほか，開発機能についても㈱本田技術研究所が熊本製作所の敷地内で基礎開発を手掛け，熊本製作所が量産可否判断以降の量産開発を手掛けるという分業体制を構築している。こうした体制は，開発と生産の一元化による新機種生産の立ち上がりにおけるリードタイムの短縮を目的として構築されたものである。

ホンダ熊本製作所の生産面における特徴は，モーターサイクルタイプ（M/

C）とスクータータイプ（S/C），さらには派生車種の多い大型車の混流生産を手掛ける点にある。二輪車は構造によって，M/CとS/Cのふたつのタイプにわかれるが，これらは工数がかなり異なるため，同じラインで生産することが難しいとされる。さらに排気量の大きな車種ほど，派生車種が多く少量生産になることに加え，部品点数も多く組立工程も複雑化する。こうしたこともあって，ホンダで750cc以上の大型二輪車生産を手掛けているのは熊本製作所のみとなっている[2]。

　熊本製作所のこうした多機種少量の混流生産を支えているのが，搬送ハンガーと生産計画を同期化させた生産システムである。2009年に導入されたもので，生産計画に従い，搬送ハンガーによって車両一台分の部品をパッケージ化して供給することで，作業者がラインサイドの部品棚から部品を選んでいた従来の手間を省き，混流生産による生産性を向上させている。なお現在熊本製作所には，ライン長50mの3つのメイン組立ラインが存在している。

3. 熊本地震に伴う被害状況

　熊本地震では2016年4月14日（木）21時26分に前震（大津町で震度5強），同4月16日（土）深夜1時25分に本震（同震度6強）の2度の大きな地震が発生，その後も余震が相次いだ。この一連の地震により，熊本製作所は操業の停止を余儀なくされた。その影響は，熊本製作所の下流（完成品の出荷）と上流（部品仕入先）へと広がっていった。そこで，本節ではまず，拠点レベル，すなわち熊本製作所がどのような被害を受けたのかを整理し，次にそのことがサプライチェーンのネットワークに及ぼした影響について述べていく。

3-1. 拠点レベルの被害

　14日夜の前震発生時，熊本製作所は2直目の操業中であったが，即時操業を停止し，所内にいた286名全員が一斉避難した。この時点では工場建屋，生産設備等にも大きな被害はなかったものの，収まらない余震を踏まえて15日

の出社停止を決定し，翌週18日からの生産再開を目指すこととしていた。

　工場に深刻な被害を与えたのが，4月16日未明に発生した本震とこれに続いた余震であった。前震を受けて操業停止状態であったことから，従業員に人的被害はなかったものの[3]，工場建屋，生産設備に加えて，食堂などの厚生施設も深刻なダメージを受けた（図表6-2）。

　ホンダグループでは，東日本大震災を受けて建屋の構造体部分について耐震強度の基準を6度強まで引き上げ，各事業所で順次補強工事を進めていた。この補強が熊本地震で功を奏し，建屋の構造部分には大きな被害は出なかった。しかし，内壁や天井といった非構造体部分については，新耐震基準に規定がないことから，独自に基準を定め対応を図っていたが，結果的には，内壁の脱落や床面われ，天井崩落，配管落下等が相次いだ。

　生産設備についても，設備転倒や位置ずれ，配線のダメージ等が多箇所で発生した。塗装，完成車組立工場では，吊り下げのフレーム搬送用コンベアの歪みや脱落も発生した。鋳造工場やプレス工場では金型や治具の転倒，落下も深刻であった。平屋構造の工場は被害が少なかったものの，複数階で構成される高さのある工場は，上に行くほど振動加速度が大きく損傷が大きくなった。また，変電設備や空調設備などは，上層階に置かれていることが多く，これらの重量物の振動により，工場内壁や天井などにダメージを与えた。

　こうした被害の結果，熊本製作所は前震発生から2016年9月5日の全面復旧までの4か月半にわたって，生産の停止・縮小を余儀なくされた。この間の販売台数の減少は約6万台に及んだ。生産ラインのシフトを2交替制から3交替制に増やすなどして挽回を目指したものの，これらの減産台数を2016年度内に取り戻すことは難しく[4]，春需対応が落ち着いた2017年4〜6月において残業や一部休日出勤対応をすることで取り戻したという。ホンダでは，これら二輪車に加えて，四輪車では1.5万台，発電機等のパワープロダクツ製品で1万台の生産減に伴う販売減少が発生したとしている[5]。同社は生産停止に伴う販売減少の影響額が119億円，損壊した設備などの復旧費用が132億円，合わせて251億円の被害があったとしている[6]。

第6章　被災からのホンダ熊本製作所の復旧対応　*133*

図表6-2　工場内の被害の状況

出所：熊本製作所（2017）p.3

　また，生産停止に伴う従業員の処遇問題が生じた。今回の地震のような天変地異等に伴う操業停止の場合，非正規社員については契約終了を行うことも可能であったものの，地域経済への影響も鑑み，熊本製作所では復旧作業等で全ての雇用を維持した。そのため，量的な意味での雇用面への大きな影響はなかったとみられる。他方，正規従業員については，本格的な生産再開の目途が8月中旬となったことから，5月16，17日以降，順次他事業所への長期派遣，サテライト勤務派遣や販売会社で実習を命じている。生産現場の従業員については，埼玉事業所へ185名，鈴鹿製作所へ187名，販売会社へ49名が長期派遣された。開発部門の従業員は，本田技術研究所朝霞二輪R＆Dセンターでサテライト勤務を行っている[7]。

3-2. ネットワークレベルの影響

第1に，熊本製作所ではグループの海外拠点向けに二輪車CKD用エンジンや焼結部品等を供給していたものの，以下の理由により影響は比較的小さく抑えられた。まず，次節で詳しく説明するが，部品生産ラインについては比較的早期での生産復旧が可能となった。さらに，中間在庫を活用したり，必要に応じて船便から航空便での輸送に切り替えたりすることで，海外拠点の二輪車生産には大きな影響はなかった。もっとも影響が大きかったのは，既述のホンダの軽自動車の委託生産先である八千代工業㈱四日市製作所（現ホンダオートボディ㈱）であった。熊本製作所で生産していた軽四輪エンジン部品が供給停止したため，四日市製作所では4月22日より一部生産を縮小して稼働することを余儀なくされた。このため，ホンダは当該部品の生産を熊本製作所から鈴鹿製作所（三重県鈴鹿市）へ移管する対応をとったが，最終的に四日市製作所が通常稼働体制に戻ったのは9月13日であった。

第2に，熊本製作所が近在6社と呼ぶ熊本所在の主力1次サプライヤーについては，地震後に購買部門が中心となり現地確認し，ほとんど被害がないことを確認した。この6社以外はほとんど東海地域に立地しているため，熊本地震の影響はなかった。また，2次以降のサプライヤーについては，1次サプライヤーを通じて確認をとり，やはりほとんど被害がなかったことが判明した。むしろ熊本製作所の操業停止が，サプライヤーの操業を止める原因となっていた。熊本製作所では，8月末を目途とした復旧後の生産計画を各サプライヤーに可能な限り早期提示することで，各社の生産計画づくりに協力する体制をとったものの，非常に大きな影響を与えることとなった。

4. 熊本地震からの復旧に向けた取り組み

4-1. 地震発生以降の生産復旧プロセス

4月14日21時26分に発生した前震を受け，同日22時頃には熊本製作所において現地対策本部を立ち上げ，ほぼ同じタイミングで本社においても管理本

部長をトップとする本社対策本部が立ち上げられた。熊本製作所の現地対策本部は，海外出張中であった製作所長を除く工場長をはじめとする経営幹部が招集され，本社対策本部とテレビ会議により逐次情報交換を行い，15日の出社停止もこの対策本部で決定された。

4月16日の本震発生後は，余震が続く中，週末を徹して製作所内の被害状況の調査が進められた。まず，施設管理課と管理職が中心となり応急的に各建屋の被害状況を確認し，危険性のある建物を立ち入り禁止とした。その後，地震後3日目頃，設計事務所による応急危険度判定を行い，どの建屋に入室できるかを判断した。週明けの4月18日には，ホンダの他事業所から建屋や動力源，生産設備等に関わる支援人材も加わり（ピーク時で120名規模），生産復旧に向けた計画策定，取り組みが進められていくことになった。具体的な復旧計画は建屋やラインの被害状況・度合とともに，顧客やサプライチェーンへの影響度によって優先度をつけて策定されていった。

ホンダの公式発表を見ると，まず4月18日の段階で「熊本製作所（熊本県菊池郡大津町）の生産を4月22日まで休止いたします。その後の生産予定につきましては，工場の修復および部品供給の状況を見ながら決定してまいります」[8]と発表された。その後被害状況調査が進んだとみられる4月28日の段階で「熊本製作所（熊本県菊池郡大津町）の生産を4月28日まで休止しておりますが，5月6日より一部稼動を再開することを決定いたしました。今後，状況に応じ，段階的に生産を再開してまいります。熊本製作所の建屋および設備の一部は被害が大きく，復旧は8月中旬を見込んでおります」[9]と発表され，本格復旧が8月中旬になることが明らかとされた。熊本製作所の動きを見ても，被害状況調査とあわせて，4月18〜20日にかけて井戸水による給水，ブローが可能となり，4月22日から復旧に向けた展開体制づくりと日程作成が本格的に開始しており，この時期に復旧計画の策定が進んだことがわかる。

では具体的に被災した工場・設備の主な復旧状況を見よう（図表6-3）。最初に復旧したのは，被害が比較的軽微であり，かつ海外拠点向けの部品を生産していた焼結工場であった（4月26日）。次いで連休中の5月4日から5日にか

図表6-3　震災発生から復旧宣言までのタイムライン

月日	主な内容
4月14日	前震発生。現地対策本部，本社対策本部立ち上げ
4月16日	本震発生
4月26日	焼結工場復旧
5月13日	パワープロダクツMO，耕うん機ライン，エンジンライン復旧（エンジンパワープロダクツ工場稼働開始）
5月23日	エンジン組立MO CKDライン復旧
5月30日	エンジン組立MO MULTIライン，汎用機MOコージェネインバーターラインとモンバルライン復旧
6月1日	完成車品質MO 完検ベンチ復旧
6月7日	樹脂成型工場，鋳造工場安全宣言
6月9日	エンジン組立MO FUNライン復旧
6月14日	完成車組立MO COMライン復旧
6月24日	ボディ領域安全宣言
8月1日	エンジン組立MO GLライン復旧
8月23日	完成車組立MO FUNライン復旧
9月5日	完成車組立MO MULTIライン復旧（全二輪車組立ライン復旧）
9月13日	復旧宣言

（注）MOはモジュールの省略
出所：熊本製作所（2017）pp.17-18に基づき筆者作成。

けて，建屋内への本格送電がはじめられ，復旧作業も本格化していく。5月6日からは被害のなかった在庫部品について海外拠点向けの輸出を再開している。5月13日には発電機等の生産を手掛ける汎用機工場が操業再開。5月23日には海外拠点向けCKD用の二輪エンジン組立ラインが復旧，5月30日に国内生産車向けのMULTIエンジン組立ラインが復旧，6月1日には生産ラインに先立ち完成車検査を行う完検ベンチが復旧した[10]。これを踏まえて，6月6日にはセルラインによる二輪車の組立生産を1日当たり20～30台と小規模ながら再開した。その後，6月9日に主力車種である大型モデルのFUN用のエンジン組立ライン，同14日にはCOMの組立ラインが復旧し，小型のCOMについてはエンジンから組立までの生産が再開されることになった。

　しかしながら被害が深刻であった主力のFUNの組立ラインの再開は，夏季休暇明けの8月23日まで待たなければならなかった。そして9月5日の

MULTI組立ラインの生産再開をもって，熊本製作所の全ての生産ラインが操業再開することになった。さらに，9月13日には熊本製作所からのエンジン部品供給が滞り，軽商用車の生産を縮小していた八千代工業㈱四日市製作所が鈴鹿製作所からのエンジン供給の常軌化により通常稼働に復帰したことを受けて，八郷隆弘社長による復旧宣言が行われ，一連の熊本地震に伴う生産復旧の取り組みが終了することとなった。

4-2. 復旧・進化プロジェクトの展開

ホンダ熊本製作所の復旧プロセスを見るうえで，5月23日に発足した「復旧・進化プロジェクト」の存在が特筆される。各部門主導で復旧作業を進める中で，作業の重複や指揮命令系統の混乱が懸念されるようになってきたことに加えて，震災被害を熊本製作所の永続的な発展に向けた競争力強化の機会ととらえ，新たな体制を発足させたものである。

復旧・進化プロジェクトは，図6-4に示すように，①復旧，②生販，③出荷促進，④NEXT，⑤環境整備の5つのプロジェクトから構成されている。このうちNEXTと環境整備プロジェクトは熊本製作所の競争力強化を，復旧，生販，出荷促進プロジェクトは熊本製作所の早期復旧を目指すプロジェクトに位置付けられている。

図表6-4 復旧・進化プロジェクトの体制図

出所：筆者作成。

(1) 復旧プロジェクト

このプロジェクトは，文字通り生産ラインの復旧を担うものである。完成車とパワートレインの2領域に大別され，各々が一刻も早い生産復旧を目指して，被災した生産設備の修復作業や鈴鹿製作所への四輪関連設備の移管作業を担当した。とくに海外に部品を供給している焼結工場と海外向けCKD用二輪エンジン組立ラインは，早期に供給を再開すべく復旧作業が進められた。またNEXTプロジェクトの提案した将来構想にあわせて，組立ラインの短縮などの生産効率化にむけた作業を担った。

(2) 生販プロジェクト

本プロジェクトは，震災の影響でダウンした受注から出荷までの生販計画のシステム復旧作業とともに，復旧作業の中で明らかになった問題点を踏まえて，より効率的な生産・販売・在庫一元管理機能の構築に取り組んだ。乗用車に比べ二輪はモデル数が格段に多いため，顧客からのオーダーに応える生産計画の策定や必要な部品の手配は，平時においても非常に煩雑なものとなる。生産復旧中の限られた生産能力でオーダーに応えるため，製品在庫の動向をみながら，生産計画や部品調達の微妙なかじ取りに取り組んでいった。そのうえ，震災直後には情報システムがダウンしたために，これらの膨大なデータ処理を手作業で行い，生産から出荷までの計画を展開し，オペレーションを行った。

(3) 出荷促進プロジェクト

出荷促進プロジェクトは，震災時に熊本製作所及び近隣倉庫にあった完成車在庫の早期出荷を担った。震災時には約3,622台で修理が必要であった。組立ラインの復旧に先立って，6月1日に完成品検査ラインを復旧させ，完成品在庫の総点検の結果，加修が必要と判明した車両について加修，再点検の作業を担った。

図表6-5　目指す多機種少量生産体制

【今までの生産形態】　　　　　　　　【今後取り組みたい生産形態】

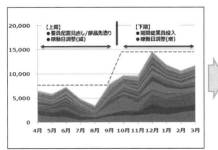
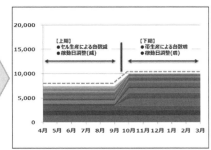

生産能力：FUN 23万台前提
生産の構え：上下段差前提のライン生産

生産能力：FUN 14万台前提
生産の構え：帯生産(ライン)/ロット生産(セル)

出所：熊本製作所（2017）p.12

(4) NEXTプロジェクト

本プロジェクトは，熊本製作所の事業体質を強化（NEXT）することを目的に，「大きく構え機種を詰め込む生産」から「小さく構えモノづくりに合わせた生産」に転換するため構想づくりを担当した（図表6-5）。営業オーダーから，生産計画，生産，出荷までの部門間をまたがる生販プロセスの見直しを踏まえて，新たなライン構想を提案した。これらの提案は2017年度からの中期計画に反映される形で実行段階に入っている。

(5) 環境整備プロジェクト

環境整備プロジェクトは，熊本地震によって顕在化した事象を整理記録し，災害や事故などの突発的な事象に襲われた際の対応を整備する新たなBCPの作成を担った。熊本製作所には，火災や集中豪雨，阿蘇山の噴火などといったリスクに対し，誰がどんなタイミングで判断するかといった決まりごとはあった。BCPも東日本大震災後に策定されていたが，熊本地震の被害はその想定を超えていた。そこで，本プロジェクトでは，震災以降の経験の聞き取り等も

踏まえて，事前に想定していた対応が実際に役に立ったかどうかを検証し，その結果を踏まえて震災発生3日後，1週間後，1か月後，3か月後と時系列順に各部門で行うべき事項を明確にした熊本版BCPを作成した。

このようにホンダ熊本製作所の震災からの復旧は，被災からの建屋・設備の復旧（復元）のみを目指すものではなく，競争力の強化に向けた取り組みを，組織的にも担保して同時進行で進めることを意識されてきたことが特徴の一つであったと言える。

5. 考察―ホンダ熊本製作所の震災対応の評価

過去の震災においても，自動車産業で完成車工場が地震の直撃を受けた事例は少ない。第3章で論じた通り熊本地震では，サプライヤーの被災によりトヨタ自動車九州の操業が停止したが，工場自体には震災被害はなかった。また，東日本大震災では，トヨタ自動車東日本の大衡工場が被災したが，地盤が強固であったこと，津波の達しない内陸部に立地していたことなどから，工場本体の被害は最小限であった。それ以上に社会インフラやサプライヤーの被災の影響がはるかに大きく，完成車工場の復旧がサプライチェーン全体復旧のボトルネックとなることはなかった。ところが，熊本地震では逆に，サプライヤーには被害がほとんどなく，熊本製作所の被災がサプライチェーンを止める原因となった。

熊本製作所が，完成車組み立ての完全復旧まで4ヵ月半の時間（9月5日）を要した点は評価が分かれよう。東日本大震災では，トヨタの国内工場が深刻な影響を被ったが，復旧は早かった。3月11日の地震発生後，3月14日からトヨタグループの国内工場が全面操業停止となった。4月11日からグループ会社の完成車生産が部分的に再開，その後徐々に生産が再開されていき，国内工場の生産が通常レベルに戻ったのが7月であった。また，今回の熊本地震で九州の半導体工場の多くが操業停止を余儀なくされたが，生産能力が震災前の水準

に復旧（生産着工ベース）したのは，ルネサス セミコンダクタ マニュファクチュアリング川尻工場が5月22日，三菱電機パワーデバイス製作所熊本工場と東京エレクトロン九州が5月31日，ソニーセミコンダクタマニュファクチャリング熊本工場で7月31日であった。地震に弱いといわれる半導体工場でも，復旧時期は熊本製作所よりも1か月余り早かった。この事実をどう評価すべきだろうか。

　第1に，熊本製作所は，国内唯一の二輪完成車工場であり，代替生産が可能な拠点は国内になかった。海外では，タイやインドネシアの拠点が中型車の生産を担っているが，少数機種の量産工場であり，熊本製作所ほどの多機種少量生産には対応していない。かりに海外工場における代替生産を目指したとしても，膨大な仕様種類を伴う多機種生産に必要な部品のロジスティクスを短時間に構築することは困難であったであろう。

　そもそも熊本製作所は，市場が縮小し生産台数が少なくなった嗜好性の高い機種の生産を浜松製作所から移管することで，経済性のある生産規模を実現したという経緯がある。こうした事情から，事前に複数の生産拠点を確保したり，事後的に熊本製作所の生産を他拠点で代替したりする選択肢は，現実的ではなかったと考えられる。その意味では，熊本製作所は構造的にサプライチェーンのボトルネックになりやすい条件を備えており，頑健性の確保は非常に重要な経営課題であったといえる。

　では第2に，拠点としての頑健性をみてみると，熊本製作所は東日本大震災の教訓を一定程度活かしたと言えよう。ホンダグループでは，東日本大震災後に建屋の耐震基準を震度6強にまで引き上げ，各製作所において耐震補強工事を順次施していった。地震リスクが比較的低いと考えられていた熊本においても，耐震補強工事を行い地震に備えていた点は，高く評価されるべきである。この耐震補強がなければ，生産復旧の遅れはもとより，人的被害をもたらしていた危険性すらあった。

　一方で，内装材などの非構造体については，ボード脱落や天井剥落などが相次いだ。特に建屋の上層階においては振動加速度が大きく，被害が大きくなっ

た。変電装置や空調装置などの重量物が建屋の上層階に設置されていることも多く，これが揺れを増幅して建屋の損傷につながった。建屋の構造体部分に致命的な被害がなかったとしても，内壁や天井といった非構造体部分が深刻なダメージを受ければ，復旧活動の大きな障害となることが明らかになった。

　第3に，熊本製作所は，垂直統合度が高く，そのことが復旧に時間を要した原因となった可能性がある。熊本製作所は，完成車の組立だけでなく，ギヤ部品などの焼結工場，鋳造工場，鋳造品の加工工場，樹脂成型工場，プレス工場，エンジン工場など多くの素材加工や部品生産の機能を有する。一般に，組立工程は人の作業が中心であり，設備への依存度は相対的に低い。一方，上流の部品生産へ行くほど，プレス機や射出成型機，機械加工機，鋳造装置，焼結装置など製造装置の重要性は増していく。組立ラインは人手と部品が確保できれば比較的早期に復旧できるのに対し，部品加工の復旧は，装置本体の修理に加え，装置の設置環境の修復と設置作業にも多大な労力を要する。このような垂直統合度の高い工場構成のために，復旧を要する箇所が多くなり，完全復旧まで時間を要したと考えられる。

　第4に，人材の柔軟な動員力は，熊本製作所においても存分に発揮され，復旧活動の推進力となった。ホンダの他の事業所から派遣された支援人材は，ピーク時には120名に達した。逆に，熊本製作所の操業停止に伴い，700名余りの社員が他の生産拠点や営業拠点，R&Dセンターへ一時的に配置転換された。また，契約社員については，天変地異による操業停止の場合，契約終了することも可能だったが，雇用は継続された。契約上認められたこととはいえ，熊本製作所が契約解除に踏み切れば，契約社員側からすれば，会社の都合で利己的に振る舞う機会主義的行動と捉えられる可能性があった。非常時において，平時とは異なる柔軟な問題解決を図るためには，関係する個人や組織が相手の危機に乗じた行動に走らないという相互信頼が重要な前提条件となる。熊本製作所による非正規従業員の雇用維持は，単なる温情措置を超えて，復旧活動に携わる関係者の機会主義的行動を抑える力につながったと考えられる。

　第5に，熊本製作所の復旧速度は，結局のところ二輪車の市場特性の影響を

強く受けたと考えられる。上で論じた通り，熊本製作所の復旧をめぐっては，復旧を阻害する要因（代替生産の困難度，垂直統合度の高さ）と，促進する要因（人材動員の柔軟性）も存在した。熊本製作所の復旧に当たって，さらに経営資源を投入して復旧時期を前倒しすることは，ホンダグループの力をもってすれば不可能ではなかったはずである。しかし，二輪車の国内需要の最盛期は3〜4月であり（春需），被災時には熊本製作所の生産体制も繁忙期を乗り越えつつあった。実際，生販プロジェクトにおいても「まずは海外の工場を止めてはならないということで，（中略），CKD領域の復旧から着手した」[11] とされており，海外拠点向けの部品供給が最優先課題とされたことがうかがえる。実際，震災発生からの復旧プロセスを見ても，焼結工場は4月26日，エンジンのCKDラインは5月23日と，比較的損傷が少なかったエンジンパワープロダクツ工場とともに早期復旧を遂げている。

　また，熊本製作所には，被災を免れた完成品在庫（修理により出荷可能な製品も含む）が5,000台余りあったのに加え，各地のディーラーに存在したパイプライン在庫が緩衝在庫として機能したと考えられる。部品メーカー（例えば，第3章のアイシン九州）や半導体（第7章参照）の被災事例とは異なり，ホンダは完成車メーカーとして，製品出荷の量や種類をある程度コントロールできる立場にあったとも考えられる。とりわけ熊本製作所で生産していた中・大型車は，嗜好性が高く納期に対して相対的に寛容であったと推測される。すなわち，熊本製作所の復旧が比較的ゆったりとしたペースとなったのは，技術上の制約というよりは，市場特性上の許容度の要因が大きかったと考えられる。

6. おわりに

　ホンダ熊本製作所の被災事例からは，自然災害に対するリスク評価と事前対応の難しさを再認識させられる。結果的には，熊本地震によるサプライヤーの被災はなく，サプライチェーンを止めたのは熊本製作所の操業停止であった。

完成車工場は，サプライヤーによって供給されるすべての部品が辿り着く終着点であり，その操業が止まればサプライヤーの操業も止まることになる。完成車生産が複線化していれば，サプライヤーの操業停止も避けられたかもしれないが，現実には中・大型車二輪車の販売台数の減少を背景として，二輪の生産拠点が集約されていった結果，熊本製作所が国内唯一の二輪工場となったのであった。したがって，生産拠点の複線化や代替生産拠点の確保といった対策は，最初から考えにくかった。

また，熊本はもともと地震リスクが小さい地域と考えられていた。それでも，ホンダは東日本大震災を受け耐震基準を引き上げ，熊本製作所の耐震強化工事を実施していた。この予防的対策のお陰で，熊本製作所は震度6強の大地震にもかかわらず，工場建屋の壊滅的被害を防ぎ，人的被害も避けることができた。一方で，内壁や天井，ダクトや配管，オーバーヘッドコンベアなどの非構造体や設備には多大な被害が生じ，結果的には操業停止が長期化する一因となった。その点では，事前の対策は十分ではなかったともいえる。

復旧活動に当たっては，ホンダグループを横断する形で，支援人材が熊本に集結する一方，熊本製作所の従業員は他の拠点に配置転換され，極めて柔軟な人材配置がなされた。復旧・進化プロジェクトについては，テーマごとに部門を跨いだチーム体制が構築され，状況即応的な問題解決力が発揮された。このように熊本製作所において発揮された柔軟な組織編成や問題解決力の高さは，過去の災害事例においても報告されており，日本のものづくり現場の底力（藤本 2012）を再確認することができた。

今後は，熊本地震の被災経験をホンダグループの国内外の拠点に伝承していくことが熊本製作所の使命となろう。今回，同製作所は，環境整備プロジェクトの一環として熊本版BCP（事業継続計画）を作成した。その内容を全社レベルのBCPに反映させ，実効性を高めることが求められよう。また，災害時においては，一見些細と思える事柄がしばしば大きな違いを生む。そうした詳細をすべてBCPに書き込むことは効果的ではない。幸い，熊本地震においては，多くの支援人材が九州に駆け付ける一方，多くの従業員が九州から他の拠

点へと長期滞在した。こうした人材の交流は，BCPなどでは伝えきれない具体的な知識や経験を伝播する上で非常に意義があるといえよう。

(注)

1　検証にあたっては，本田技研工業㈱熊本製作所において，復旧活動の最前線を担った生産業務部総務課長大野勉氏と施設管理課長財津昭夫氏にインタビュー調査にご協力いただいた（2017年11月20日実施）。記して感謝したい。あわせて熊本地震の発生から復旧の道のりを記録した本田技研工業熊本製作所（2017）「平成28年熊本地震の記録～発生から復旧のみちのり～」における記述を参考としている。

2　海外主要拠点を見ると，タイでは600ccクラス，インドネシアでは250ccクラスまでの車両生産となっている。

3　正規従業員に今回の地震に伴う死亡者はなかった。負傷者についても自宅での後片付け等で軽傷を負ったものが7名いたが，全員が出社可能の状態であった。他方で住居については135名が全壊，一部損壊の被害を受けている（2016年5月23日時点）。

4　ホンダでは2017年3月期の熊本製作所での二輪車生産として，震災前に年20万台を計画していたが，17.5万台程度にとどまっており，2.5万台程度を翌期に持ち越したとみられる。

5　ロイター2016年9月14日付（https://jp.reuters.com/article/honda-kumamoto-idJPKCN11J11E）（最終閲覧日2017年12月2日）。

6　ロイター2016年9月14日付（https://jp.reuters.com/article/honda-kumamoto-idJPKCN11J11E）（最終閲覧日2017年12月2日）

7　鈴鹿製作所，販売会社への派遣者は7月1日，サテライト勤務者は7月中下旬，埼玉事業所への派遣者は8月10日に帰任している。

8　ホンダ2016年4月18日付プレスリリース「平成28年（2016年）熊本地震による影響に関するお知らせ（第2報）」。

9　ホンダ2016年4月28日付プレスリリース「平成28年（2016年）熊本地震による影響に関するお知らせ（第3報）」。

10　6月1日には完成車在庫であったAfrica Twinが復興第1号として完成検査を終えて出荷された。

11　熊本製作所（2017）p.12

【参考文献】

熊本県企業誘致連絡協議会（2017）「熊本地震 復旧の軌跡：創造的復旧へ～誘致企業は如何にしてその危機を乗り越えたのか～」『EPOCHAL』31，pp.1-26

本田技研工業株式会社熊本製作所（2017）『平成28年熊本地震の記録～発生から復旧のみちのり～』

藤本隆宏（2012）『ものづくりからの復活：円高・震災に現場は負けない』日本経済新聞出版社

西岡　正・目代武史

第7章
半導体産業における
サプライチェーン・リスク・マネジメント

1. はじめに

　本書では，ここまで主に自動車関連産業などの組立型工程における震災リスクへの対応を考察してきた。組立工程は，一般的に工程の代替可能性や可搬性が高く，被災時に代替生産を立ち上げたり代替供給先からの調達へ切り替えたりすることは，幾多の困難が伴うにせよ，不可能な作業ではない。そのために，安全在庫の積み増しよりも，平時における問題解決能力の強化を前提として，復旧力の強化を図ることがサプライチェーン・リスク・マネジメント（SCRM）の一つのポイントとなる。

　一方で，半導体や液晶パネルといった資本集約型産業では，高精度な装置を多数並べて生産することから，生産工程の代替可能性や可搬性に大いに制約がある。生産リードタイムも長く，ひとたび生産が止まると，生産ラインを復旧しても再び出荷を開始できるまでに長い時間を要する。製造固定費が大きく，規模の経済が働くことから，生産停止中の機会損失も大きい。このように，資本集約型産業におけるSCRMには，組立型産業とは異なる課題や対策が求められることが考えられる。

　そこで，本章では，九州に立地する半導体工場を対象として，熊本地震の影響と対応，その成果について，拠点レベルおよびネットワークレベルの視点から分析する。

2. 九州の半導体産業と熊本地震の影響

2-1. 九州半導体産業の概観

　九州における半導体産業の立地は，1967年の三菱電機の熊本県西合志町への半導体工場建設に遡る。阿蘇外輪山周辺は，半導体生産に不可欠な純水が豊富であり，電力や労働力の供給も安定的であったことから，1970年代以降半導体工場の建設が相次いだ。現在では，九州の半導体産業は，製造品出荷額が1.4兆円に及び，半導体製造工場や材料・部材メーカー，製造装置メーカーなど関連事業所の立地数は1,035事業所に達する[1]。図表7-1は九州のIC生産金額の推移，図表7-2は主な半導体工場の生産能力を示している。

2-2. 熊本地震による半導体産業の被害概況

　2016年4月14日に発生した前震（M6.5，最大震度7），4月16日の本震（M7.3，最大震度7）により九州の半導体産業は甚大な被害を受けた。図表7-3は，九州に立地する主な半導体工場と熊本地震の震度分布である。震源に

図表7-1　九州のIC生産金額と全国比の推移

出所：九州経済産業局（2017）『九州経済の現状 2017年夏版』p.8

図表7-2　九州の主な半導体製造拠点の生産能力

	事業所名	月産能力
前工程	旭化成マイクロシステム㈱	6インチ1.2万枚，8インチ1.2万枚
	㈱エヌ・ジェイ・アール福岡	5インチ7.1万枚
	ジャパンセミコンダクター大分事業所	8インチ4万7500枚，6インチウエハー
	ソニーセミコンダクタマニュファクチャリング㈱熊本テクノロジーセンター	12インチ2.4万枚
	ソニーセミコンダクタマニュファクチャリング㈱長崎テクノロジーセンター	6インチ1万枚，8インチ1.2万枚，12インチ1.2万枚
	ソニーセミコンダクタマニュファクチャリング㈱大分テクノロジーセンター	12インチ2.5万枚
	三菱電機㈱パワーデバイス製作所 熊本工場	8インチ換算10万枚
	フェニテックセミコンダクター㈱	6インチ6万枚
	ラピスセミコンダクタ宮崎㈱	6インチ6万枚，8インチ4万枚
	ルネサス セミコンダクタ マニュファクチュアリング㈱川尻工場	8インチ6万枚
後工程	三菱電機㈱パワーデバイス製作所	DIP，IPM 120万個
	㈱ジェイデバイス　熊本地区	5200万個
	ルネサス セミコンダクタ パッケージ＆テストソリューションズ㈱大分工場	2000万個
	ルネサス セミコンダクタ パッケージ＆テストソリューションズ㈱錦工場	IC, LSI 450～500万個

出所：九州経済産業局（2017）『九州半導体関連企業サプライチェーンマップ』p.2

　近かったルネサス セミコンダクタ マニュファクチュアリング株式会社川尻工場（以下，ルネサス川尻工場）やソニーセミコンダクタマニュファクチャリング株式会社熊本テクノロジーセンター（同，ソニー熊本TEC），三菱電機株式会社パワーデバイス製作所熊本事業所（同，三菱電機熊本工場），東京エレクトロン九州株式会社合志事業所（同，東京エレクトロニクス合志工場）などの事業所は，地震の直撃を受けた。

(1) ルネサス セミコンダクタ マニュファクチュアリング㈱

　ルネサス川尻工場は震源に近く，工場付近の最大震度は6弱に達した[2]。地

図表7-3 九州に立地する主な半導体工場

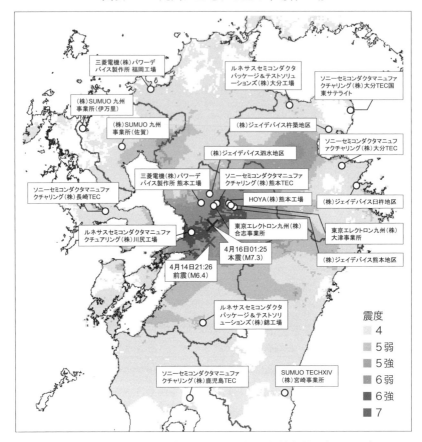

出所：気象庁 推計震度分布図 2016年4月16日01時25分 熊本県地方 M7.1（http://www.data.jma.go.jp/svd/eew/data/suikei/201604160125_741/201604160125_741_2.html）および九州経済産業局（2017）『九州半導体関連企業サプライチェーンマップ』より作成。

震により，露光機のレンズのずれや破損，冷水配管の破損による漏水，電気炉の石英部材の破損といった被害が発生した。しかし，工場建屋には大きな損傷はなく，非常用電源の作動によりクリーンルームの環境も維持された。また，地震の発生とともに安全装置が作動し，ガスや薬液の供給も自動的に遮断され

た。前震の発生とともに，行動マニュアルに従い従業員全員が野外に避難し，人的被害は生じなかった。4月22日からウェハ測定工程の生産を再開し，5月22日には震災前の生産能力（生産着工ベース）への復旧を果たした。

(2) ソニーセミコンダクタマニュファクチャリング㈱

ソニーは，九州に鹿児島テクノロジーセンター（バイポーラ，CCD撮像措置（前工程・後工程一貫生産，MOSなど），大分テクノロジーセンター（CMOS撮像素子（前工程）），長崎テクノロジーセンター（CMOS撮像素子），熊本テクノロジーセンター（CCD撮像素子，CMOS撮像素子（前工程・後工程一貫生産），マイクロディスプレイ）の4工場を有する。このうち熊本地震で大きな被害を受けたのは，熊本TECである。4月16日の本震がもたらした最大加速度は，工場の地表面で708ガル，クリーンルームのある3階では1,396ガルに達した。天井の落下や側壁の損傷，建屋を支えるH形鋼の変形，柱を固定するボルトの破断など，工場建屋自体が損傷した。低層階のクリーンルームの被害は比較的軽微であったが，高層階のクリーンルームは，甚大な被害を受けた。露光機や拡散炉などの製造装置も破損し，自動搬送装置のレールの落下，排気ダクト・配電配管などの剥落，石英ガラス治具の破損などが発生した。地震発生とともに全従業員が速やかに屋外に避難し，人的被害はなかった。しかし，社員の安否確認は早期に完了したが，請負会社の従業員や出張者の安否確認には時間を要し課題を残した。5月9日から一部の工程で段階的に稼働を再開し，7月末に完全復旧を果たした。

(3) 三菱電機㈱パワーデバイス製作所

三菱電機パワーデバイス製作所は，福岡工場（パワーデバイス，パワーモジュール）と熊本工場（パワー半導体）の2拠点を有する。熊本工場では，前震発生直後に災害対策マニュアルに従い全従業員が屋外に退避した。本震発生時は，保安要員や一部の従業員が復旧作業中だったが，建屋外に速やかに退避し，人的被害はなかった。工場建屋には大きな損傷はなかったが，渡り廊下の

段ずれや天井の落下，水漏れなどの被害が発生した。また，クリーンルームの環境は維持されたが，パーティションの位置ずれや壁の崩れなどの被害があった。製造装置を固定する金具が損傷し，装置の位置ずれが多数発生した。4月18日から本格的に復旧活動を開始し，5月9日に一部の工程を再開，5月31日に地震前の生産能力への復旧を果たした。

(4) 東京エレクトロン九州㈱

東京エレクトロン九州は，半導体やフラットパネルディスプレイの製造装置メーカーである東京エレクトロンのグループ会社である。熊本県内に合志事業所（コータ/デベロッパ，サーフェスプレパレーション装置）と大津事業所（FPD向けコータ/デベロッパ）を有する。熊本地震による人的被害はなく，工場建屋の被害は軽微であったが，天井やダクトの落下，壁の破損，製造装置の転倒といった被害が発生した[3]。同社が生産するレジスト塗布現像装置（コータ/デベロッパ）は，半導体メーカーの設備投資の中でもカギとなる装置であるうえ，同社の世界シェアは約9割に及ぶ。そのため，工場の速やかな復旧は至上命題であった。そこで，熊本県内の2工場のうち，主力工場である合志事業所を優先して復旧にあたった[4]。同事業所は，4月25日から工場の一部で操業を再開し，6月以降は前年比約2割の増産をするに至った[5]。

(5) HOYA㈱

HOYAは，熊本県内に液晶パネル製造用大型マスクと半導体製造用マスクを製造する熊本工場を有していた。4月14日の前震による建屋への影響はほとんどなく，設備や装置等に被害がみられた。一部の従業員が自宅で被災し軽傷を負ったものの，人的被害はなかった。しかし，16日の本震により工場内で火災が発生，クリーンルームや精密機器などの生産設備に甚大な被害をもたらした。工場復旧の道を探ったものの，生産設備の被害の大きさから復旧を断念し熊本工場を閉鎖することを6月20日に発表した[6]。同工場で生産していた液晶パネル用フォトマスクは，同社の台湾と韓国の拠点へ生産移管し，半導体用

フォトマスクは，同社の八王子工場に生産移管することを決定した。熊本事業所は，液晶パネル用フォトマスクの技術開発拠点として再編することとなった。

3. 拠点レベルの影響と対応

　地震をはじめとする災害の影響は，サプライチェーンを構成する個々の拠点レベルと，それらの拠点の繋がりであるネットワークレベルで捉えることができる。まず本節では，半導体各社の拠点レベル，すなわち工場における震災の影響と対応について考察していく。

3-1. 頑健性

　拠点レベルの頑健性とは，地震などの災害に対して工場の操業が影響を受けにくい程度である。熊本地震において頑健性を発揮したのは，ルネサス川尻工場であった。ルネサスは，東日本大震災後，グループ全体で事業継続計画（BCP）を見直し，基本方針として「壊れにくく直りやすい丈夫な生産工場」の構築を目指した。具体的には，震度6強を想定して制震ダンパーの導入など建屋の耐震強化や装置の性質に応じた固定強化や免震台導入，金具改善等によるクリーンルーム天井補強や電気ケーブルの落下防止，ポンプの嵩上げなどの薬品タンク系の補強，コンピュータサーバ転倒対策，仕掛ウェハ落下対策，マスク損傷対策などの対策を展開した[7]。川尻工場では，2013年第までにこれらの対策を完了していた[8]。図表7-4は，ルネサスにおける東日本大震災時の実績と新たなBCP目標，さらに熊本地震における実績の比較である。

　こうした対策が功を奏し，熊本地震においては，建屋そのものに大きな損傷はなく，クリーンルームの環境も維持することができた。また前震の発生と同時に，ガスや薬液の供給も自動的に遮断され漏出がなかったことが，その後の復旧作業を安全に効率的に実施するうえで大きく寄与した[9]。生産装置については，免振台に載せ床下の躯体に固定していたため，転倒や移動は免れた。ただし，ステッパーの投影レンズの位置ずれや破損，高精度装置のユニット部分

図表7-4　震災への対応：東日本大震災，新BCP，熊本地震

	2016年4月 熊本地震・川尻工場		ルネサス新BCP目標 （震度6弱・6強ケース）	2011年3月 東日本大震災・那珂工場
用役復旧	7日	○	7日（電力5日）以内	30日（電力28日）
生産再開	8日	○	30日以内	80日
震災前能力復帰	38日	○	60日以内	180日
仕掛製品損失の圧縮	35%	○	50%未満	ほぼ100%
建屋・内装	クリーンルーム環境維持	○	クリーンルーム環境維持	クリーンルーム環境喪失
インフラ	冷水配管破損・漏水発生	△	排気ダクトに軽微な損傷	電気，排気，水処理損傷
生産装置固定	軽微な位置ずれ	○	軽微な位置ずれ・ 転倒なし	位置ずれ・転倒発生
生産装置（露光機）	レンズずれ， ステージ損傷	△	脆弱部位の軽微な損傷	レンズずれ， ステージ損傷
生産装置 （イオン注入）	硝子破損なし	○	硝子破損なし	硝子破損
生産システム	サーバー転倒なし	○	サーバー転倒なし	サーバー転倒
マスク洗浄・再版率	0.7%	○	10%未満	60%
石英・SiC破損率	50%	○	50%	70%

出所：熊本県企業誘致連絡協議会（2017）p.25

の設定には狂いが発生した。また，一部の装置の配管が破損したり，装置間や棚間を連結する搬送系の装置が損傷したりした[10]。ルネサス川尻工場で比較的被害が大きかったのが縦型拡散炉に内蔵される石英ガラス治具の損傷であった。仕掛製品の損失は，新BCPの目標はクリアしたものの，損失率は35％に及び，相当な被害となった[11]。

　地震の揺れがほぼ想定内に収まったために大きな被害を免れたのが三菱電機パワーデバイス製作所熊本事業所である。同事業所の建屋は，震度6に耐えられる構造となっており，建屋自体には大きな被害はなかった。4月14日の前震直後に，装置類は稼働を停止し，クリーンルームの環境も維持された。緊急遮断弁が作動し，ガス漏れ等も発生しなかった。16日の本震では，建屋自体は無事だったが，空中渡り廊下の段ずれ，天井や配管の落下，水漏れなどが発生した。停電しなかったため，クリーンルームは循環空調機の運転を継続でき，清浄度を維持できた[12]。一方，製造装置の被害は少なくなかった。製造装置は，免振台には載せず特殊な金具で固定していた。しかし，想定を超えた震

度・加速度により固定金具が飛んだり，破損したりして，多数の装置が位置ず
れを起こした。さらに，転倒した装置や天井の落下を受け損傷し使用不能に
なった装置も発生した[13]。

　想定を超える震度により大きな被害を受けたのがソニー熊本TECである。
同工場では，BCPにおいて震度6，振動加速度では360.3Galまで耐えられる
耐震設計としていた[14]。4月14日に発生した前震は震度5強，地表面の最大加
速度は369ガルと推定され，ほぼ同社の想定内の揺れであった。建屋には大き
な被害は発生せず，一部外の配管が割れた程度であった[15]。

　しかし，4月16日の本震は，震度6強に達し，最大加速度は地表面で708ガ
ル，クリーンルームがある3階では1,396ガルを記録した。想定の2倍の揺れ
により，建屋そのものが損傷した。建屋を支えるH形鋼の変形，H形鋼土台の
粉砕，ブレスの座屈変形，配管の破損，ボルトのねじ切れ，パネルの剥落，天
井の落下，事務棟と工場棟の連結部の破損などが発生した[16]。熊本TECは，
クリーンルームが低層階と高層階にある。低層階のクリーンルームは，強固な
構造体をしており，本震後もクリーンルーム自体の被害は軽微であった。しか
し，拡散炉や石英ガラス治具が破損したり，自動搬送装置のレールが落下した
り，天井や壁，排気ダクト，配電設備などが剥落したりする被害が発生した。
とりわけ，露光装置の免振架台が破損し，その修復がボトルネックとなっ
た[17]。高層階のクリーンルームの被害はさらに甚大であった。クリーンルーム
自体が破損，空調設備や配管・配電などのファシリティにも大きな被害が発生
した[18]。露光機は嫌震架台に載せていたが，嫌震架台の軸が破損し，レンズ等
に影響を受けた。拡散炉も免振台に載せていたが，大きな揺れのために振り切
れて石英部品などが破損した[19]。

　今回の熊本地震で最も深刻な被害を受けたのがHOYA熊本工場である。4月
14日の前震では，製造装置等に被害を受けたが，建屋自体の被害は少なかっ
た[20]。しかし，4月16日の本震後，非常灯からの漏電で火災が発生，同日中に
鎮火したものの，クリーンルームや精密機器などの生産設備に甚大な被害が発
生した[21]。同社は，工場を復旧し生産を再開すべきかどうか検討を進めてきた

が，生産設備への被害が大きいことから，熊本工場での生産復旧を断念し，今後は液晶パネル用フォトマスクの技術開発拠点として再建することを決定した。同工場で生産していた半導体用フォトマスクは，同社の八王子工場に生産移管し，液晶パネル用フォトマスクの生産は，台湾および韓国の生産拠点へ移管することとなった[22]。

3-2. 復旧力

　熊本地震では，拠点レベルの頑健性が高い半導体工場ほど，復旧力も高い傾向がみられた。

　第1に，工場建屋の耐震性がその後の復旧活動の作業環境を決定づけた。東日本大震災を受け，ルネサスは建屋の耐震強度を大幅に引き上げ，川尻工場も2013年までに対策済みであった。その結果，本震翌日の4月17日には構内に入り，クリーンルームや各種製造設備の被害状況を把握し，18日から復旧作業に着手することができた。こうした素早い初動対応は，工場建屋に大きな被害がなかったがゆえに可能であった。工場建屋に深刻なダメージがある場合，構内に入ることすらできないためである。

　ソニー熊本TECの場合，想定を大きく超える振動により，工場建屋やクリーンルームが甚大な被害を受けた。そのため，専門家の診断なしに工場内部に立ち入ることができない状況となり，初動対応が遅れた。本震翌日の17日朝になりゼネコンの判定士が現場に到着し，まず外回りの緊急危険度判定が順次進められていった。その結果，工場棟は「要注意」判定，事務棟は「健全」判定となった。工場は要注意ではあったが，倒壊の危険は少ないとの判断から，立ち入りは可能と判定された。クリーンルーム内の作業については，日本半導体製造装置協会（SEAJ）のガイドラインに従って，協力会社と協議の上，入室に合意した会社に限り入室することとなった。このように，建屋の被害の大きさが，復旧作業の初動に大きな影響を与えることになった。

　建屋の被害が最も劇的な結末をもたらしたのが，HOYA熊本工場である。本震後に発生した火災により，クリーンルームや生産設備が再起不能なほどに

損傷し，生産機能の復旧を断念するに至った。半導体産業は，装置集約型の生産工程であることから，建屋や生産装置が深刻な打撃を受けると，再建が非常に困難になる。HOYA熊本工場の事例は，拠点レベルの頑健性がその後の復旧活動に決定的に重要な必要条件となることを物語っている。

第2に，半導体製造に用いられる各種ガスや薬液の緊急遮断も復旧作業を安全かつ効率的に行う上で重要な前提条件となった。熊本地震では，幸いなことに主要な半導体工場はいずれも4月14日の前震発生とともに緊急遮断装置が働き，ガス類や薬液の漏出を回避することができた。それでも，震災被害の確認のため工場内へ立ち入る際には，空気呼吸器を装着した先遣隊が，ガス探知機やpH試験紙を携行するなど，万全の備えのもと構内の安全を確保する必要があった[23]。

ルネサスは，東日本大震災で那珂工場の薬液タンク類の破損や特殊素材でできた酸排気ダクト，高圧電源ケーブルに壊滅的な損傷を受け，その後の復旧作業が極めて困難なものとなった経験がある。那珂工場の復旧活動には，同社の復旧チームの他に，自動車業界を中心として60数社から成る合同支援チームが参加した。支援チームの多くは半導体工場が初めてであることから，まずは構内におけるハザードマップを作製することから始め，24時間対応の診療所の設立，危険な薬液を浴びた際の専用シャワーの設置などの準備を整える必要があった[24]。これらの安全対策の整備を経て，ようやく復旧作業に取り掛かれる環境が整ったのである。こうした教訓を踏まえ，ルネサス川尻工場では，大幅に耐震基準を強化した補強策がとられていた。ルネサス川尻工場は，内閣府防災担当の聞き取り調査に対して，「建物の耐震性を増し，設備を固定すれば，その後の復旧が容易にできる。ガス漏れや薬品漏れなど復旧に取り掛かれないような事象が起きると悪循環になっていく。」と述べている[25]。

第3に，製造装置やその備品類の免振対策が各社の復旧速度を分けるポイントとなった。ルネサス川尻工場では，装置の特性に応じた固定強化や免震対策を導入済みであった。熊本地震による製造装置への影響は軽微な位置ずれにとどまり，転倒などの被害はなかった。それでも大きな揺れにより，ステッパー

の投影レンズの位置ずれや破損が発生したり，高精度装置のユニット部分の設定に狂いが生じたりするなどの被害はあった。しかし全体的には，新BCPの想定範囲内の被害にとどまったことから，早期の復旧が可能となった。ソニー熊本TECや三菱電機・熊本事業所でも，製造装置は免振台に載せたり金具で固定したりするなどの措置を講じていたが，激しい振動により免振装置が振り切れ，製造装置に位置ずれや石英ガラス部材の破損などを招いた。

　ルネサス川尻工場とソニー熊本TECで復旧作業の中心となったのは，破損した石英ガラス治具の除去や交換であった。ルネサスの場合，交換に要した石英ガラス治具の90％はあらかじめ用意していた予備品へ取り換え，8％はルネサス他工場からの持ち込みにより対応し，残りの2％のみを新規購入した[26]。一方，ソニーでは自社に備蓄していた石英ガラスを用いたほか，パーツメーカーやデバイスメーカーからの石英部材の提供を受けた。しかし，共通部品は限られており，同工場に特有なオリジナル部材が少なくなかったため，石英ガラスの調達には支障をきたした[27]。納期の長い調達品は，有事に緊急調達することが難しいといえることから，ソニーは長納期品の社内調査を進めるとともに，平時において同業他社との相互協力関係の構築を進め，いざという時に相互に部材の融通などを行える正式なルートを構築する方針としている[28]。

　第4に，復旧活動への経営資源の組織的動員の点では，東日本大震災の教訓が活かされた。例えば，ルネサス川尻工場では，工場スタッフ200名が4班体制で復旧活動に当たった。装置メーカーからの復旧要員は，海外の専門家も含め，延べ4,800人に達した。

　東日本大震災では当初，ルネサスは外部からの支援受け入れには消極的であった。その後受け入れを承諾したものの，各社2名程度という制限を付けた。しかし結果的には，60数社から支援人員を受け入れ，最大2,500人／日超の人員投入，1日24時間週7日体制というオールジャパンの支援体制で目覚ましい成果を上げた。こうした経験を踏まえ，ルネサスでは非常時においては各領域の専門人材を集中投入するとともに，部材については「早め，多めの手配」を躊躇なく行うようになった。

この教訓は，ソニー熊本TECでも活かされることになった。ソニー熊本TECの上田康弘社長ら幹部は，本震の6日後にルネサス川尻工場を訪問し，復旧スケジュールの立て方や部材の「早め，多めの手配」など，東日本大震災からの復旧ノウハウを学んだ[29]。ソニーはその後，4月21日に復旧に向けた決起集会を開き，翌22日から復旧活動に取り掛かった。復旧作業には，ソニーセミコンダクタ社の他工場からの応援社員に加え，プラントメーカーや装置メーカー，サプライヤーなどから最大約2,500名/日が参加した。

こうした経営資源の集中投入は，三菱電機や東京エレクトロンなどでも同様であった。三菱電機では，4月20日からの1か月で同社スタッフ（現地300人，全国50人）に設備メーカーや建設会社からの応援人員を加えて一日約1,000人が復旧活動に投入された[30]。東京エレクトロン九州では，復旧活動に1日200人から300人，延べ45,000人近くを投入した。部品などの取引先にも協力を要請して，約10か月間の突貫工事で復旧作業に取り組んだのである。

4. ネットワークレベルの影響と対応

4-1. 頑健性

ネットワークレベルの頑健性は，サプライチェーンを構成する特定の拠点が被災しても，サプライチェーンの途絶といった影響を受けにくい程度を意味する。第2章で議論したように，生産や調達の集中度が低い場合，利用可能な代替的生産拠点やサプライヤーが存在する場合，サプライチェーンの各段階に部材や完成品の安全在庫が豊富にある場合に，ネットワークレベルの頑健性は高くなるといえる。九州に立地する半導体工場は，サプライチェーン上のクリティカルパスを構成しており，熊本地震による被災によりサプライチェーンの弱い輪となった。

ルネサスの場合，東日本大震災後に改定した新BCPに基づき，同一製品について二か所以上の量産工場を確保する取り組み（マルチファブ化）を進めてきた。川尻工場で生産する回路線幅0.15μmのマイコンについては，MF2と

呼ばれる工程は外部のファウンドリ企業でも，MF3工程はルネサス滋賀工場と外部ファウンドリ企業でも生産できる体制を2013年までに整備した[31]。熊本地震のケースでは，川尻工場が順調に復旧したために，結果的には代替生産は行われなかった[32]。また，後工程の製造委託先2社が被災したために，代替生産も検討したが，製造委託先が5月10日までに復旧したために，こちらの代替生産も行われなかった[33]。取引先の被災によりルネサスの業務が動かなくなるようなことはなかったものの，ウェハの再生を行うメーカーが被災したため，他の契約メーカーに切り替える事例はあった[34]。

ソニー熊本TECは，震災当時，高温ポリシリコン液晶ディスプレイ（H-LCD）とデジカメなどに組み込まれるCCDイメージセンサーやCMOSイメージセンサーの生産を担っていた。これらの製品の生産がどの程度熊本TECに集中していたかは不明だが，ソニーは熊本TECと同じ構造の工場を長崎と山形に有していた[35]。そのため，熊本地震により熊本TECが稼働を停止している間，一部の製品について長崎工場と山形工場で代替生産を行った。その後，スマートフォン向け画像センサーは長崎工場と山形工場に生産移管することになった。デジタルカメラ向け高性能画像センサーについては，熊本工場の設備が必要であったことから，熊本に残すことになった[36]。さらに，かねてから富士通にCMOSイメージングセンサーを生産委託していたが，震災による熊本工場の稼働停止を受け，富士通への生産委託を拡大した。

三菱電機も熊本県内の2工場が復旧作業のため操業停止している間，県外にある生産委託先で代替生産を行った[37]。三菱電機においても生産地の複数拠点化が進められており，熊本地震ではそれが「計画通りに機能した」（西原秀典事業所長）といえる[38]。

在庫に関しては，ルネサスは東日本大震災後の新BCPを通じて，部材在庫の確保，仕掛製品損失の最小化，顧客に応じた完成品在庫管理体制の構築を図ってきた[39]。具体的には，部材に関しては，2次仕入れ先まで考慮したうえで，有事の際には調達先の復旧に3カ月を要するとの前提で保有在庫の水準を決定することとした。また，生産については，前述のマルチファブ化に加え，

仕掛製品の損失最小化を図るとともに，資材などの破損率を基に備蓄水準を見直した。それまで完成品在庫については，一律の基準で在庫量を調整していたが，東日本大震災後は顧客の要望に応じて在庫条件を変更するように改めた。また，完成品在庫は，社内のみならず顧客の側でも一定程度保有してもらうようにしている[40]。こうした取り組みの結果，今回の熊本地震では，他工場での代替生産を行わずに済んだ[41]。

　ソニー熊本TECは，生産復旧までに3か月半を要し完成品在庫が払底したことから，顧客への半導体供給が滞る事態に陥った。同社は通常2か月分の流通在庫を有することから，熊本地震後の新BCPでは，2カ月以内での生産復旧目標が掲げられた[42]。この目標を実現するため，地震による破損率の高かった設備パーツや納品までに時間のかかる設備パーツを特定し，そうしたパーツの適正在庫の確保を図った。また，こうした在庫は，ソニーセミコンダクタの事業所間で共有化することで，有事の際の備えと在庫保有の効率化を図っている。ソニーは，生産復旧に要した時間（3か月半）に安全在庫の水準を合わせるのではなく，既存の流通在庫が維持できる期間に復旧期間を合わせる方針をとる点に特徴がある。

4-2. 復旧力

　サプライチェーン・ネットワークの復旧において重要となるのは，第1にサプライチェーンを構成する各企業の被害状況の把握である。例えば，三菱電機は，2014年度から日本国内のサプライヤーを対象に，全社統一の指標を用いたサプライヤーのBCPリスク評価を行い，リスクの高い仕入れ先の見える化に取り組んでいる[43]。この評価を基に，複数社からの購買を推進するとともに，サプライヤーに対しても複数工場での生産を要望している。また，災害発生時の初動対応の迅速化を目的に，災害発生地点近くのサプライヤーの所在地を地図上で検索できるシステムを構築している。

　同様の取り組みは，半導体製造装置の東京エレクトロンも行っている。災害時に速やかに状況を把握し，仕入れ先の復旧支援ができるように，調達品の生

産拠点をデータベース化（2016年度までに約17,000拠点が登録）している。それにより地震等の災害発生時には仕入れ先の被害状況を直ちに調査できるようになった。熊本地震においても，仕入先の被災状況調査が即日実施された。

　第2に，特定拠点が震災により稼働停止に陥っても，他拠点での代替生産を速やかに立ち上げることができれば，サプライチェーン全体への影響は最小化できる。しかし，半導体工場の場合，有事の際に製造設備を運び出して他拠点で代替生産することは極めて困難であり，現実的ではない。他拠点で代替生産をするには，あらかじめ代替生産を前提とした準備が必要である。ルネサス川尻工場の場合，結果的には代替生産を行わなかったが，マイコンの生産は，あらかじめ契約したファウンドリで行えるように事前の準備があった。ソニーセミコンダクタの場合，熊本工場と同じ構造を持つ工場が長崎と山形にあったことから代替生産（その後生産移管）が可能となった。三菱電機も同様で，あらかじめ想定したBCPに基づき，県外の生産委託工場で代替生産を立ち上げた。このように製造設備や工程設計情報の可搬性が低いために，あらかじめ時間をかけて代替生産先を用意しておくか，さもなくば被災した工場自体を復旧するほかない点が半導体生産の特徴といえる。

　第3に，サプライチェーンの復旧へ向けた経営資源の動員に関しては，ソニーセミコンダクタの場合，自社自身が被災したため，被災したサプライヤーへの対応人員が不足した。仕入先に対する復旧支援方法も決まっておらず，対応が後手に回る原因となった。そのため熊本地震後，ソニーは有事においては仕入先企業発信で被災情報を連絡すること，被災状況の見える化を図ること，簡潔な機能復旧手順を策定することなどを定めた[44]。

　ルネサスに関しては，被災した後工程の委託企業の復旧に東日本大震災の経験が活かされた。委託企業の復旧には，ルネサスをはじめ，プラントメーカーや顧客である自動車メーカーの専門家が企業の枠を超えて集結した[45]。まず関係者を一堂に集めた大部屋を作り，課題の見える化を図った。それにより，ボトルネックの特定と対応の進捗状況を関係者間で共有した。また，復旧現場では，情報の錯そうが混乱をもたらすことから，指揮系統の一本化が図られた。

ルネサスはさらに，顧客企業への情報開示も積極的に行った。被災した工場の復旧状況や在庫状況を適宜開示することで，顧客が代替調達先の検討も含めて能動的に対策が打てるように配慮した。熊本地震では，前震の翌日（4月15日）の第1報から40日後の5月23日までの間に，計8回にわたりニュースリリースを発信し，川尻工場の被害状況や復旧状況などについて情報開示を行った。こうした情報の開示は，復旧見通しに関する顧客の不確実性を低減し，顧客の機会主義的行動の予防へつながると期待される。

　また，熊本地震では，半導体製造装置の修理パーツや石英ガラス治具の入手において，企業グループ内のみならず，装置メーカーやデバイスメーカーからの協力が復旧の早期化に寄与した。こうした経験を踏まえ，電子情報技術産業協会（JEITA）の半導体部会に加盟するルネサスやソニー，東芝，富士通など12社は，2018年1月に災害時における相互協力に合意した[46]。具体的には，大規模震災時に半導体工場で使う部材を融通し合うとともに，災害時に会員企業間の連絡体制をあらかじめ整備した。これにより，企業グループの枠を超えて，非常時に相互に協力し合える体制を業界レベルで構築するに至った。

5. 考察─自動車産業との比較

5-1. 機会損失と安全在庫

　図表7-5は，熊本地震による半導体企業の損失額をまとめたものである。ルネサスは，物的損失と復旧費用他の合計が約89億円であったが，工場の稼働停止による機会損失は実に240億円に及んだ。ソニーグループでは，半導体部門が大きな被害を受け，物的損失が167億円，復旧費用他が18億円，機会損失が203億円であった。また，半導体部門からのデバイスの供給が滞ったことから，機会損失としてイメージング・プロダクツ＆ソリューション部門では105億円，その他の部門で35億円が計上された。これらを集計すると，物的損失と復旧費用他の合計は185億円であるのに対し，機会損失は343億円と2倍近い被害額となった。

半導体産業は，製造費用に占める固定費の部分が大きく，規模の経済が大きく働くことから，稼働が停止すると損失が大きく膨らむ。また，生産リードタイムが長く，前工程では部材の投入から完成品の産出までに2〜3か月かかる。つまり，製造設備や生産工程が復旧しても，新たな部材を投入してから完成品が出荷できるまでに，さらに数か月を要する。このことも稼働停止の機会損失を膨らませる要因となる。こうした事情から，半導体産業では，原材料，仕掛品，完成品の各段階で安全在庫をもつことに合理性を認めることができる。

図表7-5　熊本地震による半導体企業および自動車企業の損失額

	物的損失	復旧費用他	機会損失	出所
ルネサス エレクトロニクス	18億35百万円	70億80百万円	240億円	有価証券報告書（第15期）， 決算資料2016年通期
ソニー	167億円	18億円	343億円	2016年度連結業績概要
三菱電機	83億26百万円		n.a.	有価証券報告書（第146期）
東京エレクトロン	75億21百万円		n.a.	有価証券報告書（第54期）
トヨタ自動車	—		8万台程度	西岡（2018）p.144
アイシン精機	103億円		n.a.	2017年3月期 決算説明会資料

　自動車産業に関して比較可能なデータはないのだが，トヨタ自動車の場合，熊本地震の影響による減産台数は約8万台であった（西岡 2018，p.144）。この減産分についても，生産復旧後の増産により2016年9月には取り戻したと言われている[47]。熊本地震で大きな被害を被ったアイシンは，物的損失と復旧費用他として103億円を計上した。工場の稼働停止による機会損失は，公開されていないが，同社が供給していた部品が他社に転注された事実は報告されていない点，トヨタが減産分を挽回している点から判断すると，機会損失は実質的になかったと考えられる。アイシン九州は，工場に甚大な被害を受けたにも関わらず，本震から7日後には代替生産先での生産を再開し，翌日には出荷を開始している。地震などの災害に対して，部品供給が止まらないことに越したことはない。しかし，そのために常時，安全在庫を過剰に積むことで平時における競争力を殺ぐよりも，有事における復旧力を高めることの方がリスク対応として合理的である可能性がある。

5-2. 製造装置・生産工程の可搬性

　半導体産業と自動車産業とで災害リスクに対する頑健性と復旧力のバランスに相違が生じる背景として，製造装置や生産工程の可搬性の違いが考えられる。

　半導体産業における製造装置や生産工程の可搬性は，極めて低い。第1に，半導体の生産では，数百に及ぶ加工ステップを通じてきわめて微細で高精度な加工が求められる。極めて高いレベルで清浄度を管理したクリーンルーム内に，超高精密な製造装置を多数並べて生産活動が行われる。個々の製造装置自体にデリケートな調整が必要であるうえ，装置を並べたプロセス全体でも歩留まりを上げるために細心の条件出しが必要となる。そのため，震災時に製造装置あるいは生産ラインを他の生産拠点に搬出し生産を再開することは，物理的に非常に困難であるばかりでなく，可能であったとしても長い時間を要する。したがって，あらかじめ代替生産先が用意されていなかった場合には，被災した工場において工程を丸ごと復旧せざるを得ない。

　第2に，半導体の生産工程は，工場施設に事実上埋め込まれており，このことが生産工程の可搬性や復旧可能性を大きく制約する要因となっている。半導体工場には，クリーンルームの気温や清浄度を確保するための空調・除塵設備，製造設備の冷却や加温，加湿などを行う熱源設備，工場に電力や工業用水などを供給するさまざまな設備が必要である。また，シリコンウェハの加工や洗浄には，各種の化合物ガスや薬液が用いられる。これらのガスや薬液は，可燃性や毒性，腐食性の高いものが多く，その取り扱いには細心の注意を要する。したがって，被災工場にて半導体生産を再建する場合，工場建屋自体の損壊，クリーンルームの環境喪失，ガスや薬液の漏出など生産環境が被害を受けると，復旧作業自体が進められない状況に陥ってしまう。

　こうしたことから，半導体産業では，復旧力の強化が重要なのはもちろんのこと，拠点レベルでもネットワークレベルでも頑健性の確保がより一層重要となる。熊本地震においてルネサス川尻工場と三菱電機熊本工場が比較的早く復旧できたのは，工場建屋やクリーンルーム，ガス・薬液供給システムに致命的な被害がなかったためである。ソニーセミコンダクタ熊本TECの場合は，想

定の2倍に達する振動加速度のためにクリーンルームに甚大な打撃を受けたことが，復旧に時間を要する大きな要因となった。さらに，HOYA熊本工場の場合は，工場建屋は地震に耐えたものの，その後発生した火災によりクリーンルームに致命的な被害を受けたことにより，生産機能そのものを閉鎖する事態に至った。

　このことは，同じく工場建屋に甚大な被害を受けつつも，生産ラインを丸ごと他拠点に移設して代替生産を果たしたアイシン九州の事例と対照的である。アイシン九州は，トヨタの国内拠点で使用されるドアチェックの約95％を供給していた点では，トヨタにとってサプライチェーン上の弱い輪であった。しかし，ドアチェックの組立工程はもとより，川上の成型工程においても金型を取り出すことができれば，生産工程の搬出は比較的容易に実現することができる。また，製造装置や組立ラインの設置場所も設置レイアウトも比較的自由度が高く，一定のスペースさえあれば，現場の創意工夫により生産工程を他工場に移設し生産を再建することは可能であろう。

　したがって，自動車産業においては，生産の頑健性が高いに越したことはないものの，有事の際には状況即応的な復旧力を発揮して，サプライチェーンの機能を維持することが現実的な選択肢になり得る。一方，半導体産業においては，製造設備・生産ラインあるいは工場建屋などに震災等により大きな被害を被った場合，生産機能の復旧が技術的にも費用的にも，時間制約の点でも極めて困難な作業となるため，まずもって頑健性を高めることが重要となる。

(注)
1　九州経済産業局（2017）『九州経済の現状　2017年夏版』p.8
2　熊本県企業誘致連絡協議会（2017）p.19
3　熊本県企業誘致連絡協議会（2017）p.11
4　東京エレクトロン㈱ニュースリリース，2016年4月26日
5　熊本県企業誘致連絡協議会（2017）p.12
6　HOYA㈱ニュースリリース，2016年6月20日

7　熊本県企業誘致連絡協議会（2017）p.25

 8　伊東（2017）p.90，内閣府（2017）p.75

 9　内閣府（2017）p.78

10　伊東（2017）p.72

11　熊本県企業誘致連絡協議会（2017）p.25

12　熊本県企業誘致連絡協議会（2017）p.18，伊東（2017）p.86

13　伊東（2017）p.86

14　ソニー（2017）p.17

15　内閣府（2017）p.83

16　伊東（2017）p.77

17　伊東（2017）p.79

18　伊東（2017）pp.77-79

19　内閣府（2017）p.84

20　HOYAニュースリリース，2016年4月18日

21　日本経済新聞，2016年6月21日

22　HOYAニュースリリース，2016年6月20日

23　熊本県企業誘致連絡協議会（2017）p.17

24　藤本・加藤・岩尾（2016）pp.9-11

25　内閣府（2017）p.78

26　伊東（2017）p.73

27　内閣府（2017）p.84

28　ソニー（2017）p.67

29　伊東（2017）p.80，熊本県企業誘致連絡協議会（2017）p.9

30　熊本県企業誘致連絡協議会（2017）p.10

31　ルネサスニュースリリース，2011年8月2日

32　熊本県企業誘致連絡協議会（2017）p.20

33　ルネサスニュースリリース，2016年4月20日，伊東（2017）p.74

34　内閣府（2017）p.77

35　内閣府（2017）p.84

36　日本経済新聞，2016年10月17日

37　毎日新聞，2016年5月25日

38　熊本県企業誘致連絡協議会（2017）p.18

39　ルネサスエレクトロニクス事業方針，2011年8月2日発表

40 内閣府（2017）p.78

41 熊本県企業誘致連絡協議会（2017）p.20

42 ソニー（2017）p.62

43 三菱電機HP「災害対策の取組」http://www.mitsubishielectric.co.jp/corporate/ csr/governance/risk/disaster/index.html（2018年5月19日検索）

44 ソニー（2017）pp.18-20

45 筆者らによるトヨタ自動車へのインタビュー（2017年10月16日実施）による。

46 「JEITA半導体部会，災害に備える体制構築で顧客と社会の発展に貢献」JEITA ニュースリリース，2018年1月29日

47 毎日新聞，2016年12月20日

【参考文献】

伊東維年（2017）「熊本地震に伴う大手半導体メーカーの被害状況と復旧過程」『松 山大学論集』29(4)，pp.65-96

熊本県企業誘致連絡協議会（2017）「熊本地震 復旧の軌跡：創造的復旧へ～誘致企 業は如何にしてその危機を乗り越えたのか～」『EPOCHAL』31，pp.1-26

経済産業省九州経済産業局（2017）「九州半導体関連企業サプライチェーンマップ」 http://www.kyushu.meti.go.jp/report/170824/sik_map_ja.pdf（2018年5月5日）

ソニーセミコンダクタマニュファクチャリング株式会社（2017）『「2016年熊本地震」 震災教訓講演・報告会』https://www.sony-semiconductor.co.jp/news/ar- chives/115（2018年5月8日検索）

内閣府防災担当（2017）『企業の事業継続に関する熊本地震の影響調査報告書』 http://www.bousai.go.jp/kyoiku/kigyou/topics/pdf/kumamoto_report.pdf（2018 年6月14日検索）

西岡正（2018）「自動車産業にみるサプライチェーンの復旧能力：熊本地震における アイシングループの取り組みの考察」『商大論集』69(3)，pp.137-165

藤本隆宏・加藤木綿美・岩尾俊兵（2016）「調達トヨタウェイとサプライチェーンマ ネジメント強化の取組み：トヨタ自動車調達本部 調達企画・TNGA推進部 好 田博昭氏 口述記録」東京大学ものづくり経営研究センター・ディスカッション ペーパー，No.487

目代武史

終章
熊本地震の教訓と課題

　平成28年（2016年）熊本地震は，日本の製造業がそれまで取り組んできたサプライチェーン・リスク・マネジメント（SCRM）の有効性を問う試練となった。その結果は，本書でこれまで分析した通り，過去の経験からの蓄積が活きた部分もあれば，引き続き宿題として残された課題もあった。さらには，これまであまり注目を浴びてこなかった課題も明らかになった。そこで本章では，企業や産業を横断する形で，熊本地震から得られた教訓を整理し，今後に残された課題について考えてみたい。

1. 過去からの教訓が活かされた取り組み

1-1. 拠点レベルの頑健性と復旧力

　第1に，ハード面での頑健性については，本書でとりあげた事業所の多くが東日本大震災の教訓を踏まえ，建屋の耐震基準を引き上げたり，設備の耐震・免震対策を強化したりするなどの対策をとっていた。例えば，ホンダ熊本製作所とルネサス川尻工場は，建屋の耐震基準を震度6強に，ソニー熊本TECや三菱電機パワーデバイス熊本工場は震度6にまで引き上げていた。結果的に，ソニー熊本TECについては，4月14日の前震（工場付近の推定震度は5強）には耐えたが，2日後の本震（同震度6強）は事前の想定を超え，大きな被害をもたらした。とは言え，地震が少ないと言われる熊本に立地する工場においても，東日本大震災を教訓として，耐震基準を強化の上，耐震対策を施していた点は評価されるべきである。

　第2に，被災した拠点の復旧においては，各事業所とも柔軟に経営資源を動員するとともに，現場の問題解決能力を存分に発揮した。その最も劇的な事例は，アイシン九州（AIK）による生産ライン丸ごとの代替生産の実現と熊本へ

の引き戻し（第3章）であった。AIKは，本震当日に熊本での生産継続を断念し代替生産を決定，翌日には移転先を選定し移転作業を開始した。本震のわずか7日後の4月23日に代替生産地でのドアチェックの生産を開始し，翌24日から出荷を再開した。この離れ業を実現するため，AIKからは生産要員が九州地区内の代替生産地に167名，愛知県内の代替生産地に178名が出向し，生産ラインの立ち上げと生産作業に従事した。一方，アイシングループから約350名，トヨタなどの得意先や取引先から約250名が熊本に集結して，AIKの復旧活動に当たった。同様の組織の垣根を超えた人的資源の融通無碍な動員は，ホンダ熊本製作所（第6章），ルネサス セミコンダクタ マニュファクチュアリング川尻工場やソニーセミコンダクタマニュファクチャリング熊本TECなど（第7章），本書でとりあげたすべての事業所で観察された。

　第3に，被災拠点の復旧に当たり，過去に大規模な被災経験のある企業ほど，復旧手順や復旧体制の確立が進んでいた。第5章で詳しく分析したように，トヨタは，新潟中越沖地震や東日本大震災，タイ大洪水，愛知製鋼知多工場爆発事故など，数々の災害や事故により被災したサプライヤーを支援してきた経験をもつ非常事態対応のプロともいえる人材を有する。有事が発生すると，プラントエンジニア，生産技術，人事，IT分野などから経験豊かなメンバーが即座に選抜され，被災現場に派遣されるルーティンが形成されている。また，これまでの支援活動の経験から，復旧の優先順位は，第1に人命・安全，第2に地域への貢献，そして第3に生産の復旧と定めており，これはアイシン側にも共有された。その他にも，初動対応における大部屋化と見える化による情報共有，指揮命令系統の一元化，支援チームリーダーへの権限付与などが体系化されている。非常事態における混乱の中では，目の前の課題を解決することに集中するあまり見落とされがちだが，のちに厄介な問題を引き起こすような事案（例えば，資材発注と伝票処理のルールなど）がしばしば発生する。こうした問題に対する経験を踏まえたうえで，復旧手順が写真付きでマニュアルにまとめられており，随時更新されている。東日本大震災で甚大な被害を被ったルネサス（第7章）もまた，「早め多めの手配」など過去の経験から得られた教訓

を事業継続マネジメント（BCM）として体系化しており，それが熊本地震において早期の生産復旧に大きく貢献した。

1-2. ネットワークレベルの頑健性と復旧力

第1に，東日本大震災以降，一部の企業では生産拠点の複線化が図られ，熊本地震の影響を吸収できる体制が整えられていた。例えば，ルネサスエレクトロニクス（第7章）は，同一製品について二カ所以上の量産工場を確保する「マルチファブ化」を図ってきた。熊本地震のケースでは，川尻工場の復旧が順調に進んだため，結果的には代替生産は行われなかった。しかし，もしもの場合には，川尻工場で生産していた製品をルネサス滋賀工場や外部のファウンドリ企業で代替生産することも可能であった。三菱電機（第7章）もルネサスと同様に，生産地の複数拠点化を進めており，熊本工場が復旧作業のために操業停止している間，県外の生産委託先で代替生産することで，供給能力を維持した。

第2に，生産設備の共通化が代替生産を可能にした事例もあった。アイシン精機（第3章）は，グループ内において金型や治具類に関する仕様を統一していた。AIKは，代替生産に当たり，熊本から生産ラインを丸ごと九州地区内や愛知県内の代替生産先に移設したが，組立ラインはともかく，プレス機や射出成型機といった全ての生産設備を持ち出せたわけではない。その場合は，金型や治具類を取り出して，代替生産先のプレス機などに装着するわけだが，取り付け方法や治具類が共通化されていなければ，早期の代替生産の実現は不可能であった。ソニーセミコンダクタマニュファクチャリングの場合（第7章）も，熊本TECと同じ構造の工場を長崎と山形に有していた。このことが，熊本TECの操業停止中に，長崎工場と山形工場において一部の製品ではあるが代替生産することを可能にした。

第3に，サプライチェーンの可視化の点では，東日本大震災以降，多くの企業において取り組みが進んだ。トヨタは，約4,000品目，30万拠点から成るサプライチェーン情報システムRESCUEを構築し，従来正確な捕捉の難しかっ

た2次サプライヤー以降の部品調達情報を網羅的に把握する体制を構築してい
る（第5章）。アイシングループも同様に，部品品番単位で社内の生産管理情
報と調達先のサプライチェーン情報を一元的に管理できるデータシステムを構
築している（第3章）。このシステムは，品番単位で10次サプライヤーまで把
握しており，例えば，ある地域で災害が発生した際，その地域から調達してい
る部品の有無などを逆算して補足できる仕組みとなってる。同様の取り組み
は，ルネサス，三菱電機，東京エレクトロンなど半導体産業にもみられ，熊本
地震においても仕入先の被災状況は即時に調査できる体制が構築されていた
（第7章）。

　第4に，サプライチェーンネットワークの復旧においても，企業の境界を超
えて経営資源が柔軟に動員された。それを可能にしたのが，機会主義的行動の
抑制である。例えば，トヨタは，被災サプライヤーの支援において，自社向け
部品の生産ラインの復旧を優先しないことを原則としている。東日本大震災に
おけるルネサス那珂工場の復旧支援でトヨタは主導的役割を果たしたが，自社
向け製品の復旧を優先しないという原則に従えない企業には，支援から外れて
もらう厳しい措置をとった（藤本・加藤・岩尾 2016）。同じ原則は，熊本地震
におけるAIKの復旧支援にも適用された。

　また，トヨタからAIKに派遣された支援チームは，AIKの復旧を支援する
ばかりでなく，トヨタに対してAIKの声を代弁する役割を果たすこともあっ
た（第5章）。AIKの操業停止の影響を最も受けたのはトヨタである。トヨタ
内からは，とにかく早くAIKからの部品供給が再開されることを期待する声
（圧力）がないわけではなかった。しかし，無理な復旧スケジュールを立てた
ところで実現しなければ，かえって混乱を大きくする結果となる。現場におい
て被災の状況と復旧の進捗状況を最も把握している支援チームが，トヨタ本体
からの要求（圧力）の盾となることで，AIKが復旧活動に専念できる環境を
つくり出した点は特筆に値しよう。こうした非常時における利他的な行動の積
み重ねが，支援企業との相互信頼へとつながり，迅速な復旧へ向けた被災企業
からの情報の開示や互恵的な協業を可能としたと考えられる。

2. 過去から継続している課題

　熊本地震への対応では，すべてがうまく機能したわけではない。以前から指摘されていたものの，熊本地震でも依然として未解決であった問題が再発した。

　第1に，建屋の耐震強化や生産設備の耐震・免震対策などのハード面の頑健性強化は，課題を残した。しかし，適切な耐震基準はそもそも想定自体が難しい。地震リスクが小さいと考えられていた九州でも，震度6強の巨大な地震が発生した。しかも4月14日の前震から16日までの短期間に震度6弱以上の地震が7度も発生するなど，想定外の事態が頻発した（第1章）。熊本地震では，多くの工場が14日の前震には耐えたが，ダメージを受けた建屋や設備は16日の本震には持ちこたえることはできず，甚大な被害を受けることになった。確率計算できない事象へどう備えるかは，引き続き答えは見えない。

　とはいえ，本書でとりあげた事例を振り返ると，被害を最小化するための事前の備えが可能な部分もある。例えば，AIK（第3章）やホンダ熊本製作所（第6章），ソニー熊本TEC（第7章）などの事例では，変電装置などの重量物が建屋の上部に設置されているケースで，地震の揺れが増幅され，建屋に深刻なダメージを与えることが明らかになった。各社は復旧過程で，こうした重量物の低層階への移動などの措置を進めている。また，ホンダ熊本製作所の事例（第6章）では，建屋の柱など構造体部分については，震度6強まで耐震補強されていたが，内壁や天井などの非構造体部分はそこまでの耐震補強は行っていなかった。構造体部分が地震に耐えられても，非構造体部分に大きな損傷を受ければ，復旧活動の障害となり復旧を遅らせる原因となることが明らかになった。この点についても，耐震強化をどの水準でどの範囲まで実施すべきか難しい課題を残したと言える。

　第2に，特定の拠点やサプライヤーへの集中は，熊本地震でも依然として観察された課題である。例えば，AIKが生産するドアチェックは，トヨタの国内調達の9割以上を占め，サプライチェーンの弱い輪となっていた（第3章）。

ドアチェック自体は，技術的に枯れた部品であり，AIKでなければ生産できない品目というわけではない。また，設備投資の面でもさほど規模の経済が働く品目でもない。しかし，枯れた技術であるがゆえに，量をまとめなければ利益を出しにくく，また多岐にわたる仕様を変動する需要に応じて柔軟かつ低コストで生産するノウハウをAIKが蓄積していたことから，国内生産をほぼ独占していた。

　ホンダ熊本製作所も国内の二輪生産が特定拠点に集中していた事例である（第6章）。その背後には，市場が縮小し生産台数が少なくなった嗜好性の高い機種の生産を浜松製作所から熊本製作所に移管することで，経済性のある生産規模を実現したという経緯があった。

　調達や生産の複線化は，サプライチェーンの頑健性を高めるうえで理想ではあるが，AIKやホンダの事例は，組立系の製品においても，製品の成熟化や生産量の確保のなどの事情から，調達先や生産拠点の分散化が困難な場合が少なくないことを示している。その場合，サプライチェーンの各段階における安全在庫の確保，被災時の復旧力の強化といった対策を組み合わせて，総合的にSCRMを強化せざるを得ない。

3. 新たに現れた課題─代替生産を可能にする代替物流網の構築

　地震などの広域的な災害において，物流が問題になることは，阪神淡路大震災や東日本大震災でも認識されていた。鉄道や道路といった交通インフラの寸断により，物理的にものが運べないという事態は，熊本地震でも同様に発生した。こうした問題に対しては，交通インフラの早期復旧の努力に加えて，本田技研とGoogleが提供する「自動車走行実績マップ」などの仕組みが早期にたち上がり，通行可能な道路情報が適宜提供されていった（第1章）。この仕組みは，東日本大震災において構築されたものであり，過去の経験が着実に活きた領域でもある。

　熊本地震において新たに浮かび上がったのは，代替生産により生産地が分散

終章　熊本地震の教訓と課題　*175*

した場合に，それを背後から支える代替物流をいかに実現するかという問題であった。第4章で詳細に分析したように，AIKは熊本地震により熊本での生産継続が困難になり，工場を丸ごと複数の地点に移設し，代替生産することを決定した。その数は，九州地区の代替生産地が7カ所，184品番，37ライン，愛知県内の代替生産地は7カ所，262品番，46ラインにも及ぶ。このこと自体は，アイシングループにおける現場の状況即応的な問題解決力や経営資源の動員力がいかんなく発揮されたことを物語る。

　しかし，複数の拠点での代替生産は，物流経路を拡散させ，その当然の帰結として，物流網の錯そうと物流効率の低下をもたらした。従来，AIKに納入されていた原材料や子部品は，これらを必要とする代替生産地にそれぞれ運搬する必要がでてきた。逆に，AIKから出荷されていた製品は，14カ所の代替生産地から顧客企業の工場へとそれぞれ納品されることになる。戦線の拡散に兵站線がついてこられなければ，現場は破綻する。今回は，アイシングループの総力を挙げた取り組みと，トヨタの全面的なバックアップにより，代替物流網の再構築問題を解決したものの，これはいわば力業であり何度もできることではない。

　先行研究（藤本 2011）では，生産地や調達先を常時複線化するのではなく，常時においては競争力のある無駄のないサプライチェーンを追求しつつ，非常時においては代替供給源を迅速に利用可能とするようなサプライチェーンの「バーチャル・デュアル化」を提案している。その条件と考えられるのが，代替生産の対象となる製品や生産工程に関する設計情報の代替可能性や可搬性である。しかし，代替生産を実現した場合の代替物流の在り方については，これまで十分に認識されてこなかった。設計情報などを代替生産地に緊急避難させる段取りを事前に構想する場合，代替生産地の候補は有限個になろう。しかし，代替物流の場合，事前に想定しうる物流拠点や物流ルートには無限に近い組み合わせがあり，非常時における代替物流ルートや中継地を事前に想定できるかは疑問が残る。そこで，具体的な代替物流拠点やルートを事前想定するのではなく，代替物流が必要になった場合の考え方や対応手順といった方法論を

事前構想しておく方が実効性が高い可能性がある。代替物流網構築の方法論については，今後さらなる研究が必要なテーマである。

4. おわりに

　本書の締めくくりとして，最後に復旧活動における人間の問題について論じたい。

　地震や台風，水害といった自然災害においては，平時とは異なる状況即応的な問題解決が必要となる。この時，復旧活動へ従事する者の理解と献身が求められる。ところが，被災地では従業員自身が被災者であり，職場の復旧の前に生活の復旧を優先せざるを得ない。とりわけ熊本地震で被災した工場の多くは，域外企業が設立したサテライト生産拠点であったことから，従業員にとっては，被災を機に工場が撤退してしまうのではないかという不安が付きまとった。同じ懸念は，東日本大震災においても指摘された（目代 2011）。こうした不安や疑念は，復旧期の早期にきっぱりと払しょくしなければ，従業員（さらには地元社会）からの全面的な協力は得られない。その点で，AIK が本震の1週間後に開催した決起集会で8月をめどに「アイシン九州に生産を戻す」ことを期限を定めて復活宣言したことは，従業員にとって代替生産に積極的に取り組むための非常に重要な転換点となった（第3章）。同様の宣言は，ホンダ熊本製作所（第6章）やソニー熊本TEC（第7章）等でもみられた。従業員ならびに地域社会からの理解と協力を得るためには，被災企業自らのコミットメントを明確に示すべきである点は強調されるべき教訓である。

　また関連する論点として，取引先や競合他社による機会主義的行動の脅威がある。日本における被災事例では，これまでこの問題が際立って強く意識されることはなかった。むしろ，被災企業の仕入れ先や顧客企業，同業他社，業界団体との間で協調的で利他的な行動がしばしば見られた。熊本地震においても，AIK の代替生産のために競合他社が軒先のスペースを貸し出したり，AIKの復旧活動の優先順位をめぐって顧客企業同士が協調したりするなどの行動が

随所に見られた（第3章）。また半導体産業では，石英ガラス治具の調達に当たり装置メーカーやデバイスメーカーからの協力が早期の復旧に大きく寄与した（第7章）。このこと自体はたいへん望ましく，熊本地震からの復旧の大きな助けとなった。

　しかし，こうした利他的な行動は当然視すべきではない。とくにサプライチェーンがグローバルに広がり，海外拠点を含めたSCRMの強化を今後進めていく上では，機会主義的行動の抑制は大きな課題となろう。機会主義の問題はこれまで大きな問題となっていなかったがゆえに，日本のSCRMの成功パターンを海外にもそのまま適用しようとすると足をすくわれる危険性がある。もちろんこちら側の利他的な行動は，一種のシグナルとなって相手側からの利他的な行動を促す可能性はある。こうした互恵的な行動が相手にとっても報われるような仕掛けづくりをSCRMに織り込んでいくことが，実務的にも学術的も今後の重要な研究テーマとなるといえよう。

【参考文献】

藤本隆宏（2011）「サプライチェーンの競争力と頑健性：東日本大震災の教訓と供給の『バーチャル・デュアル化』」東京大学ものづくり経営研究センター・ディスカッションペーパー，No.354

目代武史（2011）「東北の戦略的位置付けが復興の鍵握る」『日経Automotive Technology』（25），p.7

目代武史・西岡　正

あとがき

　本書を執筆するに至った経緯について，簡単に記しておきたい。われわれ著者3人は，もともと各々が自動車産業を中心とする日本の製造業の生産システムに強い関心を有しており，これまでも関連する研究会等でさまざまな議論を重ねていた。と同時に，野村と目代は生活と研究の拠点を九州に置いており，西岡もかつて熊本学園大学で勤務していたことから，九州のものづくりや関係者とも多くの関わりを有していた。そこに発生したのが，2016年4月の熊本地震であった。日頃通い慣れ親しんだものづくりの現場が受けた甚大な被害を眼前にして，われわれは無力感とともに言葉を失ったが，関係者の懸命の努力の下で，被災した現場は，状況即応的な対応力を発揮，着実に生産復旧を果たしていった。改めて，日本のものづくりの現場の力を再認識させられたのである。

　そうした中で，目代の呼びかけで，われわれは熊本地震で大きな被害を受けた製造業のサプライチェーンに関する共同研究を，2016年夏にスタートさせることになった。目代は前任の東北学院大学（仙台市）時代に東日本大震災で被災，その経験から，時間の経過とともに貴重な非常事態対応の経験が埋没，散逸してしまうことに問題意識を有しており，これが呼びかけのきっかけとなった。野村，西岡の二人も即時に呼応した。研究会では，熊本地震の体験と教訓を，日本のサプライチェーン・リスク・マネジメントに活かすべく，可能な限り事実関係を収集，積み上げていくとともに，考察を深めることを目的とした。本書は，この一連の共同研究の成果である。設定した課題に対して十分な成果が得られたかは，読者の判断を待たざるを得ないが，先行研究を踏まえながらも，大規模災害により途絶したサプライチェーンや生産復旧に関する知見の蓄積にはいささかなりとも貢献できたものと考えている。

　本書の執筆に当たっては，多くの関係者の方々にインタビュー調査にご協力をいただいた。全ての方々のお名前を記すことはできないが，とりわけアイシ

ン精機社長（現相談役）伊原保守氏，副社長岡部均氏には，われわれの共同研究の趣旨をご理解いただき，お忙しい中にも関わらず数次にわたるインタビューにお付き合いいただき，調査を進めるに当たってもさまざまなご支援を賜った。伊原，岡部氏以外にも，多くのアイシン精機の方々にご協力いただいた。被災当事者であるアイシン九州前社長高橋寛氏，営業調達部長小田浩一郎氏には，復興作業で多忙を極める中，資料をご提供いただくとともに，長時間に及ぶインタビュー，工場見学にご協力いただいた。トヨタ自動車ボデー調達部第1ボデー部品室長（現トヨタモーターヨーロッパVP）星野豪志氏，資材・設備調達部設備室IT・プラント設備グループ長正岡修二氏には，今回の熊本地震にとどまらず，東日本大震災や新潟上越沖地震等における被災サプライヤー支援の最前線を担った経験も踏まえて，暗黙知的なところも大きいトヨタの非常時対応について長時間お話いただいた。トヨタ自動車九州副社長馬場貞仁氏には，熊本地震時の生産現場の状況に加え，トヨタグループの地域支援についてもお話しいただいた。記して感謝したい。

　最後になるが，出版情勢の厳しい中で，本書の出版を快くお引き受けていただいた㈱同友館社長脇坂康弘氏と，編集を担当いただいた佐藤文彦氏にも感謝申し上げたい。

　2018年盛夏　熊本の復興を願う

著者を代表して

西岡　　正

索　引

あ行

アイシン九州　20, 55, 84, 99, 102, 112
アイシン精機　20, 58, 85, 113
アイシン精機刈谷第1工場火災　28, 46, 75, 105, 110
アイシン九州キャスティング　55
安全在庫　39, 163, 164
大部屋　60, 117

か行

カイゼンのルーチン　89
肩代わり型　77, 115
金型・治具仕様の標準化　66
頑健性　7, 37
機会主義的行動の抑制　42, 46, 106, 176
拠点レベルの頑健性　38, 47, 141, 153, 156, 169
拠点レベルにおける復旧力　40
組立型産業　147
経営資源の組織的動員　158
現地対策本部　59, 103, 114
構内物流　91

さ行

サプライチェーンの可視化・可視性　34, 35, 44, 67, 74, 110, 171
サプライチェーンの頑健性　31, 110, 120
サプライチェーンの弱い輪　28, 46, 74, 35
支援チームリーダーの役割　116
指揮命令系統の一元化　117, 118
事業継続計画（BCP）　43, 73, 145, 153, 159, 161
事業継続マネジメント　171

自主研究会活動　103, 105, 106, 120
資本集約型産業　147
情報共有・一元化　60
人材の柔軟な動員力　142
人的資源の動員力　40
人的資源の集中投入　116
生産工程の可搬性　165
生産の引き戻し　70, 119
生産復旧宣言　72
設計情報の代替不可能性　35, 74
設計情報の可搬性　35, 45, 74
設備移設型　77, 115
生産管理と調達情報の一元化　67
組織間学習　102, 114, 120
組織間信頼　102, 114, 121
組織能力　85, 119
ソニー熊本TEC　149, 155

た行

代替供給源　84
代替供給路の確保　44
代替生産　20, 36, 62, 76, 111, 115, 162, 175
代替物流網　84, 174
ダイハツ九州　11
中央製作所　62
中継物流　88
ドアチェック　55, 60, 62, 78
特定サプライヤーへの依存度　35, 74
トヨタ九州　11, 59
トヨタの支援チーム　59, 102, 113, 115, 121

な行

成り行き物流　85
日産九州　11
二輪車の市場特性　143
ネットワークレベルの頑健性　42, 48, 159, 171
ネットワークレベルの復旧力　44, 48
根の生えた設備　75

は行

バーチャル・デュアル化　34, 74, 76, 84, 175
P-バルブ　28, 40, 105
東日本大震災　32, 75, 110
復活宣言　67
復旧力　7, 37, 47, 78, 104, 111, 119, 120, 156, 166
復旧・進化プロジェクト　137
復旧目標期間　36, 74, 76
物流中継地　69, 87
HOYA熊本工場　155, 156
本社対策本部　58

ホンダ熊本製作所　129

ま行

マザー拠点　130
魔法の棒　117, 121
マルチファブ化　171
見える化　60, 117
三菱電機パワーデバイス製作所　151, 154
問題解決能力　40, 44, 104, 105, 107, 111, 121

や行

八千代工業四日市製作所　134

ら行

ライン移設型　77, 115
リーダーシップ　79
リーン生産システム　39
リケン柏崎工場　30, 43, 75
ルネサス那珂工場　43, 46, 114
ルネサス川尻工場　149, 153
RESCUE　45, 110
労働の柔軟性　29

【著者略歴】

西岡　正（にしおか・ただし）………序章，第3章，第5章，第6章，終章　執筆担当
現職：兵庫県立大学大学院経営研究科教授
名古屋市立大学大学院経済学研究科修了，兵庫県立大学博士（経営学）
（主著）
『ものづくり中小企業の戦略デザイン：産業集積，サプライヤーシステム，顧客価値』
　同友館，2013年
『現代中小企業のソーシャル・イノベーション』（共著）同友館，2017年
『日本自動車産業グローバル化の新段階と自動車部品・関連中小企業：1次・2次・3次
　サプライヤー調査の結果と地域別部品関連産業の実態』（共著）社会評論社，2016年
『地域マネジメント戦略：価値創造の新しいかたち』同友館（共著），2014年
『ネットワークの再編とイノベーション』（共編著）同友館，2012年
『中小企業のイノベーションと新事業創出』（共編著）同友館，2012年
『日本企業のものづくり革新』（共編著）同友館，2010年

目代武史（もくだい・たけふみ）……第1章，第2章，第6章，第7章，終章　執筆担当
現職：九州大学大学院経済学研究院・准教授
広島大学大学院国際協力研究科修了，広島大学博士（学術）
（主著）
『自動車メガ・プラットフォーム戦略の進化：「ものづくり」競争環境の変容』（共著）
　九州大学出版会，2018年
「パワートレイン電動化へ向けた技術選択と不確実性への対応戦略」『研究技術計画』
　32(4)，（共著），2017年
『日本自動車産業グローバル化の新段階と自動車部品・関連中小企業：1次・2次・3次
　サプライヤー調査の結果と地域別部品関連産業の実態』（共著）社会評論社，2016年
『新たな事業価値の創造』（共著）九州大学出版会，2016年
『東北地方と自動車産業：トヨタ国内第3の拠点をめぐって』（共編著）創成社，2013
年

野村俊郎（のむら・としろう）……………………………………… 第4章　執筆担当

現職：鹿児島県立短期大学教授

立命館大学大学院経済学研究科博士後期課程単位取得，京都大学博士（経済学）

（主著）

『トヨタの新興国車IMV～そのイノベーション戦略と組織～』文眞堂，2015年

『トヨタの新興国適応～創発による進化～』（共著）文眞堂，2018年

『日本自動車産業の海外生産・深層現調化とグローバル調達体制の変化』（共著）社会評論社，2017年

『トヨタ快進撃の秘密』（共著）洋泉社，2015年

『欧州グローバル化の新ステージ』（共著）文理閣，2015年

『中国・日本の自動車産業サプライヤーシステム』（共著）法律文化社，2010年

『AFTA（ASEAN自由貿易地域）ASEAN経済統合の実情と展望』（共著）JETRO，2001年

『ビジネスガイド・インドネシア』（共著），JETRO，1996年

2018年9月30日　第1刷発行

サプライチェーンのリスクマネジメントと組織能力
―"熊本地震"における「ものづくり企業」の生産復旧に学ぶ―

Ⓒ著　者　西　岡　　　正
　　　　　目　代　武　史
　　　　　野　村　俊　郎

発行者　脇　坂　康　弘

発行所　株式会社　同友館

〒113-0033 東京都文京区本郷 3-38-1
TEL.03 (3813) 3966
FAX.03 (3818) 2774
https://www.doyukan.co.jp/

落丁・乱丁本はお取り替えいたします。　　　三美印刷／松村製本所
ISBN 978-4-496-05379-5　　　　　　　　　　Printed in Japan

本書の内容を無断で複写・複製（コピー），引用することは，
特定の場合を除き，著作者・出版者の権利侵害となります。